成就顶尖高手代表作
让阅读更有价值

共享领导力

一种更好的领导和教练方式

[美]厄尼·特纳 [新加坡]陈瑞兴 著 宋晶 译

北京联合出版公司
Beijing United Publishing Co.,Ltd.

图书在版编目（CIP）数据

共享领导力：一种更好的领导和教练方式 / (美)
厄尼·特纳, (新加坡) 陈瑞兴著；宋晶译. -- 北京：
北京联合出版公司, 2025.3. -- ISBN 978-7-5596-8177-
5

Ⅰ.C933-49

中国国家版本馆CIP数据核字第20251NN178号

First published 2023
Copyright 2023 ©Ernie Turner & Tan Swee Heng

Simplified Chinese edition copyright © 2025 by Beijing United Publishing Co., Ltd.
All rights reserved.
本作品中文简体字版权由北京联合出版有限责任公司所有

共享领导力：一种更好的领导和教练方式

[美] 厄尼·特纳　　[新加坡] 陈瑞兴　著
宋晶　译

出 品 人：赵红仕
出版监制：刘　凯
选题策划：山顶视角
责任编辑：蒴　鑫
策划编辑：王留全　李俊佩
特约编辑：赵　莉
封面设计：水　沐
内文制作：梁　霞

关注联合低音

北京联合出版公司出版
（北京市西城区德外大街83号楼9层　100088）
北京联合天畅文化传播公司发行
北京美图印务有限公司印刷　新华书店经销
字数195千字　880毫米×1230毫米　1/32　10.75印张
2025年3月第1版　2025年3月第1次印刷
ISBN 978-7-5596-8177-5
定价：78.00元

版权所有，侵权必究
未经书面许可，不得以任何方式转载、复制、翻印本书部分或全部内容。
本书若有质量问题，请与本公司图书销售中心联系调换。电话：（010）64258472-800

致我们的家人,
带着爱、温暖和感恩

致本书所有读者、学习者和使用者:
希望这本书能帮助你更好地领导和教练你的团队,
获得更高的绩效、更大的影响力,
实现可持续发展

目　录

推荐语　/ 1

推荐序　/ 11

译者序　/ 15

前　言　/ 22

第一部分　共享领导力的由来

01　"金字塔"式的领导方式正在遭受挑战　/ 33

02　共享领导力——一种更好的领导和教练方式　/ 48

03　共享领导力的演变过程　/ 60

第二部分　共享领导力的 5 项行动准则

04　共享领导力的行动准则 1：联结　/ 75

05　共享领导力的行动准则 2：协约　/ 93

06　共享领导力的行动准则 3：汇集　/ 109

07　共享领导力的行动准则 4：合作　/ 127

08　共享领导力的行动准则 5：挑战　　/ 146

09　行动准则背后的科学　　/ 168

第三部分　共享领导力的应用

10　实施有效变革　　/ 189

11　领导混合式团队　　/ 205

12　解决 VUCA 时代的困境　　/ 217

13　发展你的团队　　/ 231

14　打造一种共享领导力企业文化　　/ 254

15　实现战略重点——可持续发展　　/ 272

第四部分　采取下一步行动

16　成为共享领导力团队教练　　/ 287

附录一　共享领导力行动准则和 ARL 工具摘要　　/ 307

附录二　30 个签到问题　　/ 309

附录三　15 个常见问题　　/ 313

后　记　　/ 324

参考文献　　/ 326

作者简介　　/ 334

关于 J&C 奕洵　　/ 336

推荐语

鲁比·帕尔马（Ruby Palma）

国际领导力发展机构LIM[1]全球合伙人-LIM菲律宾
国际教练联合会[2]菲律宾分会前主席

《共享领导力》是世界各地的领导者、团队成员与团队教练的必读之书。我曾有过与本书作者共享领导力的亲身经历。基于几十年来与全球范围内各种团队合作的经验，作者在本书中向我们优雅地表达了与团队一起工作的智慧，并为工作场所中复杂的日常互动提供了专业知识和路径图，从中我们可以清晰地看到实践背后的力量。让我们用共享领导力的思维和实践，创建并维护一个健康快乐的世界。

玛丽亚·特雷莎·贝尼特斯（Maria Teresa Benitez）

LIM全球合伙人-LIM菲律宾

"共享领导力"的思想最早出现在20世纪20年代初，从那时起，人们对其进行了大量的研究。当我们与领导者和团队合作，创造新的

1　LIM 全称为 Leadership In Motion。
2　国际教练联合会：International Coach Federation，简称 ICF。

可能性时，大家的关注点已经不仅局限于"这是什么？"以及"它为什么重要？"，而是"我/我们到底该如何实现它？"。此外，由5项共享领导力行动准则构建的共享领导力、以"行动—反思—学习"为基础的简单工具和流程，也能帮助我们的团队将共享领导力带到日常工作中。我们与领导者及其团队感受到了相同的兴奋，因为我们找到了释放集体智慧与潜能的简单有效的方式与方法。

艾哈迈德·莫斯托法博士（Dr. Ahmed Mostofa）

埃及ART生物制药公司董事长兼首席执行官

几年前我通过LIM了解到共享领导力的行动准则，这是建立具有共同愿景、强大而成功的团队的实用策略。教练面临严峻挑战的团队的过程是一段非常有趣的旅程。而通过采用共享领导力的信念和5项行动准则，你的团队建设成果几乎总是可以得到保证的。

施定原

和黄药业全球人力资源副总裁

作为厄尼的客户，我已经和他合作了十多年。共享领导力的信念和5项行动准则总是能让领导者和他的团队以一种更深刻和有意义的方式凝聚在一起。多年来，我们过于专注于对领导者的教练辅导，实际上，领导者和他们的团队成员需要一起接受教练辅导，这将为团队带来更加深刻的影响和可持续的改变。

推荐语

比弗·R. 塔姆斯博士（Dr. Beaver R. Tamesis）
菲律宾亚洲医院院长兼首席执行官

我们已经实践共享领导力 5 项行动准则 5 年多了。依靠共享领导力，我们塑造了一个高度协同的领导团队，所有人都齐心协力，朝着我们共同决定的方向努力，为我们的员工、企业和国家创造最好的结果。我强烈地认为，共享领导力将帮助任何一个组织团队在充满动荡的世界中蓬勃发展。

克里斯·谭（Chris Tan）
默沙东制药马来西亚、新加坡和印度尼西亚前董事总经理

共享领导力通常只是领导者们使用的一个流行词。然而采用 LIM 团队开发的共享领导力的行动准则和工具使得我们在组织中建立高绩效团队，实现突破性成果方面变得非常有效。

黛博拉·柯贝卡（Deborah Kobewka）
Ito 世界公司首席执行官

在我的领导生涯中，共享领导力 5 项行动准则始终是我的参考点。10 年前，我第一次在亚洲与厄尼合作，我们将共享领导力理念和行动准则带入我的团队，提高了我当时领导的团队的绩效。此后，我将类似的方法应用到我领导的所有不同类型的团队中，都获得了很好的成效。我全心全意地向大家推荐共享领导力，很高兴它现在能以一种非常易读的方式为大家所接受。

叶卡捷琳娜·伊万诺娃博士（Dr. Ekaterina Ivanova）
俄罗斯高等经济大学商学院副教授

当今世界需要有人文关怀、有可持续发展思维的负责任的领导者。这本《共享领导力》为大家提供了如何实现这种转变并成为这样的领导者的深刻洞察。此书为必读书！

古尔巴克什·辛格（Gurbakhish Singh）
共享领导力教练，马来西亚/澳大利亚

作者提供了一种更好的方式来领导和教练团队——共享领导力。他们的洞察力、广泛的实践、简单实用的工具，能够激发出团队的最佳状态，使团队交付重要的成果。对于任何想要寻求一种简单又深刻的方式在组织中实现共享领导力并创造可持续发展的人来说，这是一本必读之作。

尤金·程（Eugene Cheng）
甲骨文亚太区人力资源总监

作者在这本《共享领导力》里生动地向我们展示了他们的专业经验。关于领导力理论的书有很多，然而，最让人受益的还是那些能够反映作者实践之路的书。作者结合了多年来他们与各种组织进行团队教练的经验，通过本书将这些实操经验提供给所有想要更好地领导和教练团队的人。

费德里卡·孔奇(Federica Conci)
英国通用医疗公司药物诊断首席财务官

共享领导力是一个全新的概念,厄尼以一种非常鼓舞人心和务实的方式向我和我的财务领导团队介绍了这个概念,帮助我们团队的每个人创造了一个心理安全的环境,让每个人都能发挥带头作用,为我们的共同目标做出贡献,对结果和成功百分之百地负责。对我来说,这是一次很好的经历,让我的团队共同建立了愿景和文化。

格雷丝·刘(Grace Lau)
默沙东中国香港地区前董事总经理

当我作为企业总经理第一次从团队成员那里得到反馈,要成为一个更能"鼓舞人心的领导者"时,我无法将这个反馈具体化。"什么是鼓舞人心?""什么样的行为才能使我成为鼓舞人心的领导者?"我很感谢我当时的教练厄尼,他和我一起制定了一项战略,那就是通过发展共享领导力来实现这一目标。后来,我一直在使用并扩展这一点,不仅在与历任领导团队合作时使用共享领导力团队教练的工具,而且将共享领导力当作我的团队文化。我认为这是一个非常强有力的概念,它给团队以及领导者个人带来了巨大收益。现在不管我走到哪里,我都把在共享领导力团队教练认证课上做的笔记带在身边。

哈里什·皮莱博士(Dr. Harish Pillai)
菲律宾大都会太平洋医疗集团首席执行官

一年前,我们意识到组织的复杂性及其顽固的遗留问题后,开始着力于组织转型。这一"不可能的任务"是无法独自完成的,因此我们联系了共享领导力团队的教练专家,他们为我们阐述了在组织中进行共创与合作的共享领导力教练哲学。这张网撒得很广,我们让19家医院组成的庞大网络中的所有职能和组织领导者都参与进来,以确保每个人的声音都能被听到。"帮助"成了我们的口头禅——既是请求帮助,也是提供帮助。包括我自己在内,没有人能独自履行领导职能,我们共享领导者的权力。我们作为一个团结的大家庭正在学习,并已经朝着改善菲律宾整体医疗保健系统的前景迈出了一大步。

乔伊·梁(Joy Leong)

新加坡林地健康人力与组织发展部高级经理

《共享领导力》记录了许多令人振奋的团队转型的故事,这些故事表明,任何组织都非常需要有意识的对话,以推动信任、承诺和问责制。厄尼和瑞兴慷慨地与读者分享了他们用于干预的工具,改变了世界各地的团队和对话,这让我们深受鼓舞!

陈国珊(Joyce Chen Kuo-San)

中国可持续发展领导集团首席顾问

当我第一次从厄尼那里听到共享领导力这个概念时,它让我大开眼界。在过去的几年里,我屡屡把它介绍给我的客户团队,并看到了它是如何使他们受益匪浅的。现在,它是我在做团队教练、团队发展和领导力发展课程的关键要素。

出口恭子（Kay Deguchi）
日本多亚康复治疗诊所副总监

通过共享领导力，我们塑造了更加开放、创新、包容的企业文化，更强的团队归属感带来了更高的组织参与度。采用共享领导力为我们创建了一个既灵活又有韧性的团队，这将引领组织度过 VUCA 时代[1]。

克里斯蒂娜（Kristina）
汇丰银行印尼业务服务部主管

我坚信，作为一个领导者，并不意味着我们必须是站出来解决问题的那个人，作为领导者，我们要做的是帮助我们的团队释放他们的潜力，让他们学习好的团队流程，经历失败，相互团结，相互欣赏，并接受更高难度的挑战。这才是真正的领导力。感谢厄尼和瑞兴带来的这本《共享领导力》，它帮助我进一步提高了我的领导能力，也给了我更大的动力去领导和教练年青一代做到最好。

帕姆·伯基特（Pam Birkett）
中国香港商业与职业女性协会前副主席、共享领导力教练

我第一次接触厄尼的研究是在 2000 年。我亲眼看见了"行动—反思—学习"原则在创建高绩效团队和促进领导者发展方面的力量。

---

[1] VUCA 时代又称乌卡时代，为易变性（Volatility）、不确定性（Uncertainty）、复杂性（Complexity）、模糊性（Ambiguity）四词的缩写。这一概念最早起源于 20 世纪 90 年代，近年来，这个术语被广泛应用于商业和管理领域，用来描述企业在快速变化和复杂环境中面临的挑战。——译者注

这本《共享领导力》建立在"行动—反思—学习"原则的基础上，清楚地阐述了应用共享领导力行动准则在加强组织团队高绩效文化以及提升团队投入度方面的力量和影响力。

敏思·博伦 (Minx Boren)
国际教练联合会认证大师级教练

共享领导力行动准则为任何组织和团队的战略执行提供了一个出色的可落地的路线图。如果你想打造一支积极投入、全力以赴的团队，那么就需要建立一种让团队成员感到被重视和被倾听的团队文化。随之，你就会拥有一支更敬业、更投入、更有想法的团队，有更多更好的想法将得到执行。事实上，我们必须以更好的方式来领导和教练。作为一名长期在"战壕"中工作的教练，我很感激厄尼和瑞兴花时间详细阐述了为什么和如何做，这样我们每次都能成为更有影响力的领导者和教练。

罗谢尔·金森博士 (Dr. Rochelle Kinson)
新加坡林地健康医学精神病学主任兼高级顾问

这本《共享领导力》抓住了当今时代领导力的本质。在正确的时间和地方，我有幸接触到了共享领导力并学习、掌握了其中一些优秀的工具。现在的我是一个更好的人、更好的母亲、更好的团队成员和领导者！

斯瓦拉曼·阿姆巴兰（Sivaraman Ambalan）
印度Ikigai成长咨询有限公司创始人兼首席执行官

共享领导力行动准则使领导者能够在团队中实现协同、承诺和成长。最终，它创造了一种包容的文化，每个人都能参与其中，也都愿意参与其中。我建议每位领导者都阅读、理解并与团队一起实践这5项共享领导力行动准则。一个拥有共享领导力的团队必将取得更好的绩效，并会给所有团队成员带来快乐。

谢伊·内厄姆（Shay Nahum）
瑞士默沙东欧洲市场准入主管

在团队中应用共享领导力的相关工具，使得我们的团队拥有了共同的使命愿景，并能够团结在一起，为实现共同的使命愿景共同承担责任。我们在团队内部以及跨职能的对话和反思中也运用了从厄尼那儿学到的"行动—反思—学习"原则，这不仅让我们的团队绩效水平始终处于领先地位，同时也使我们成为一个更快乐的团队，对彼此有更多的关怀。

王伟国博士
新加坡创新技术私人有限公司首席技术官，阿尔卡特-朗讯运输前全球副总裁，上海贝尔阿尔卡特公司前执行副总裁

共享领导力的5项行动准则——联结、协约、汇集、合作和挑战，很好地将共享领导力带入组织团队，它们的价值远远超出了简单的轮岗或分担工作量。令人惊讶的是，LIM的共享领导力工具可以自然地支持领导者，使领导者克服自己的第一天性、实现自我转变的过

程变得容易。我参与或支持的所有共享领导力项目都包含了一套功能强大又易于使用的工具，无论是面对人员问题、流程问题还是工具问题，这些工具都使我在处理日常业务挑战时受益良多。我相信，同样的方法也会使其他组织的领导人受益。

威廉·马克（William Mak）
北方信托前总裁兼亚太区首席执行官

传统"金字塔"式领导方式的组织结构常常会滋生无意识偏见，厄尼和瑞兴提出的共享领导力行动准则为建立一个多元化、积极投入、勇于承担的领导团队提供了一种非常有影响力的方法。

伊冯娜·黄（Yvonne Ng）
新加坡国立保健集团学院执行主任

自2018年以来，我的组织已经认识到了共享领导力（在我所在的机构中也称为集体领导力）的重要性。共享领导力5项行动准则简洁明了地抓住了领导者有效地实现共享领导力的本质。本书中介绍的许多工具大大促进了我所在组织中的团队对话，同时我也看到了成员们交付的结果。对于那些想要在这个充满挑战的新世界中塑造和发展最好的团队的领导者来说，这是一本必备的实用书籍。谢谢厄尼和瑞兴！这太棒了！

推荐序

这是一本我们非常需要的书,来得非常及时!本书既是一本关于管理学和领导力的书,也是一本关于学习和教练的书,它清楚地将领导力、管理学、学习和教练结合在一起。

关于管理学和领导力的书有很多,但很少有书像本书一样有这么多实用的概念和工具来帮助领导者和教练在现实工作中完成任务。

本书不仅实用,而且全书建立在严谨的科学研究和从业者实践经验的基础之上。早在20世纪初,玛丽·帕克·福莱特(Mary Parker Follett)[1]就曾写道:"领导力并不是由领导者行使自己的权力来定义的,而是由能增强被领导者的权力感的能力来定义的。"

"共享领导力"背后大部分的理念并不新鲜。然而,在这本书之前,共享领导力的实践方法通常还没有被很好地理解或被明确地定义。本书清晰地描述了将这些想法付诸实践的

---

[1] 玛丽·帕克·福莱特(1868—1933),美国作家、社会学家,有"管理理论之母"的美誉。——编者注

过程和实用工具。本书的作者厄尼·特纳和陈瑞兴以及他们的共享领导力团队教练一直在世界各地有效应用五个共享领导力行动准则为他们的客户带来价值。

共享领导力行动准则（SLD®）是在"行动—反思—学习"（ARL®）的理论研究和实践基础上的进一步拓展。而该研究由国际领导力发展机构 LIM 和瑞典隆德管理研究院（Management in Lund，简称 MiL）于 20 世纪 70 年代末开发。MiL 是由我和其他商界企业家与隆德大学共同创立的，基于领导力和学习的新视角，我们为企业家和高管们推出了备受他们赞赏的发展项目，并激励其他大学成立了类似的研究所和项目。

我们都是坚定的学习者。在良好意愿的驱动下，当我们在不同制度下建立的不同价值观得到应有的尊重，当我们被信任与欣赏，并被赋予有意义的责任——我们都将愿意与他人合作，创造成果，以改善共同的利益。

建立在"行动—反思—学习"理论研究基础之上的共享领导力行动准则，遵循了成年人学习和发展的自然规律，它将业务转型与企业人才发展联系起来，加快了企业人才学习、发展、改变的过程。参与者在解决企业面临的商业挑战的过程中，也大大加深了对自己、对同事、对团队合作和共享领导力的理解，并在此过程中受到激励，提升了对企业的认同感与黏着度。通过与同伴共同反思自己过往的经历与体验，学习者们发展出自己的方式和方法，从而实现对现实情况的超越。鉴于反思的重要性，我们将反思增加到原来的行动学习的核心概念中。

在20世纪80年代中期，厄尼应其瑞典合伙人拉斯·赛德霍姆（Lars Cederholm）的邀请加入MiL。此后不久，厄尼与哥伦比亚大学的教授维多利亚·马斯克（Victoria Marsick）等四位合伙人一起成立了LIM。多年来，厄尼和他在LIM的几位同事作为合作伙伴共同参与了由MiL发起的很多国际项目。除了使"行动—反思—学习"理论与研究成果在世界范围内广为人知之外，他们还为共享领导力核心概念的提出和工具的发展做出了巨大贡献。LIM成员曾撰写了许多文章和书籍，阐述了共享领导力的核心概念与行动准则的实践应用。

如果你对共享领导力核心概念的背景和研究感兴趣，可以从这本书的开头开始阅读。如果你想了解实际的概念和工具，那么我建议你从本书第二部分的企业实践案例开始阅读。在这里，你会发现丰富的实战经验、创新的方式与方法、强有力的洞察和结论。相信这些一定会令你印象深刻，激动不已。

我们知道，多样性的观点可以激励团队创新，实现更好的决策。我们还知道，共识是战略背后获得力量和行动的必要条件。然而观点的多样性通常又会导致输或赢的局面，共享领导力的行动准则很好地解决了这一困境，它确保了团队中每个声音都能被听到，从而达成深度共识，并获得共同行动与改变的力量。

共享领导力思维方式的重要性不仅限于商业价值角度的

评估，还具有更广泛的社会价值和意义。20世纪80年代提出的利益相关者模型为人们引入了更广泛的多元视角。然而从今天的视角来看，这样的提法仍然是不够的。我们还需从更多维度的视角，特别是从文化、性别和年龄的角度，思考人类的可持续发展。

我们早就告别了工业社会。在20世纪80年代和90年代，人们用不同的标签来描述我们正在进入的社会："服务型社会""信息社会""知识社会""地球村""可持续社会""科技社会"等。

而我更喜欢"学习型社会"这个概念，也因此我很高兴推荐这本书成为大家的"必读之书"。

伦纳特·罗林（Lennart Rohlin）

伦纳特·罗林是MiL的创始人，并担任了30年（1978-2009）的首席执行官。在此之前，他撰写并编辑了大约20本关于不同商业主题的书。他曾任隆德大学教授、哈佛商学院访问学者和赫尔辛基商学院教授。同时，他还是一家致力于缩小大学和商界之间差距的基金会EFL的联合创始人。伦纳特还是一名自由记者和一名击剑世界冠军。自1980年以来，作为企业家他开发和管理了大批会议中心。同时，伦纳特也是"边学习边赚钱"领域的意见领袖，更是LIM公司许多团队教练的导师和朋友。

译者序

第一次听到厄尼·特纳的名字是在2011年春天的某日，那时我刚加入默沙东中国总部不久，负责整个中国地区人才培训、管理与发展部的工作。

有一天，我的老板对我说，她要介绍一个来自美国的团队教练大师给我认识，这个人叫厄尼·特纳，他已经与默沙东全球总部合作了近20年，给默沙东美国、欧洲和亚太地区的很多高管团队提供共享领导力团队教练项目服务，并给团队带来了很大的改变，获得了默沙东各个国家和地区团队的高度认可。我的老板告诉我说，共享领导力团队教练可以更有效地帮助组织团队改善工作方式，培养组织人才，提升团队效能，创造更佳的团队绩效结果。她希望我们部门在本职工作之外，还要担当更多内部团队教练的角色，让公司的人才培训、管理与发展部门不仅仅是公司人才梯队建设、培养与发展的培训中心、发展中心、支持中心，更是利润创造中心，为公司业务发展与绩效改进创造实实在在的业务结果。因此她希望我们部门的核心人员及公司各个业务单元的人力资源负责人，都可以跟着厄尼·特纳学习他的团队教练认证课程（TCCP），随后做默沙东中国内部的团队教练。

坦率地说，那是我第一次听说"团队教练"这个概念。在当时，我知道无论是足球、排球，还是游泳、田径，在所有的体育竞技项目中，要想不断进步、持续成长、赢得比赛，教练的角色至关重要。但"什么是商业组织的团队教练呢？他们会如何帮助一个组织团队实现更高绩效，取得成功呢？"，我对此一无所知，但也因此充满了好奇，迫不及待地想要一探究竟。

我和我的同事们很快就在上海见到了厄尼。那个时候，他已经是68岁的老人了，和我父亲同龄，脸上爬满了皱纹，但整个人看上去却精神奕奕。记得那时候，无论我们每天连续工作多长时间，工作到多晚，无论我们向他提出多少困惑、不解、锐评、问题、挑战或是要求，他给我们的感觉始终是既坚实如山又温润如水。无论是课堂之内，还是课堂之外，无论在什么样的情境之下，尴尬的、冲突的、困惑的、挑战的、愉悦的，你在他的脸上永远看不到失望和沮丧，他的脸上呈现的始终都是开放、好奇、理解、包容、支持、温暖、感恩、信心和勇气，而且总是朝气蓬勃的。是的，就是这样的状态。无论发生什么，他总能恰如其分地给予我们回应、帮助和支持，激励我们就自己的问题展开更深入的思考与探索。他像大地，也像水，既能承载一切，也能包容和滋养一切。他的这种教练核心状态深深地吸引了我,也打动了我。

前前后后经过了差不多9个月的时间,我和我的同事们在参与真实的团队教练项目过程中系统地学习了团队教练的理论、原则、方法,还掌握了很多团队教练的工具。在该项目进行到最后一天时,我清楚地记得,厄尼带领我们一起共读了一本书,《从〈道德经〉看当今时代适应性领导力》(*The Tao of Leadership: Lao Tzu's Tao Te Ching Adapted for a New Age*)。其实这就是一本用外国学者视角诠释中国古老的《道德经》里蕴藏着的适应新时代的领导哲学思想的书。这让我很震撼,因为它让我看到了东方智慧和西方技术在此处完美地融合,让我看到了大道至简、殊途同归,以及古老哲学思想的深邃内涵,也让我看到了成为一名像厄尼那样的团队教练的魅力。后来,我把这部分的内容做了进一步整理、优化,把它融入我们的团队教练认证课程和共享领导力发展工作坊中,并将主要内容制作成了"从《道德经》学习适应新时代的领导哲学与教练心法"的卡片工具。每每在课程中进行到这一部分时,无一例外,我们都给我们的学员们带来了很多难忘又深刻的启迪与触动。

9个月后,我和我的同事们从厄尼的企业内部共享领导力团队教练认证课程中毕业了。自此,我也开始认真考虑成为一名专业的团队教练的可能性,开始为我的第二职业生涯发展曲线做准备。

"纸上得来终觉浅，觉知此事要躬行。"

我一直觉得团队教练是一项建立在严谨的科学研究基础之上的实践技术。它的出现是为了能让一群聪明、有能力却又完全不同的人在一起高效沟通与合作，激发出彼此最大的潜能，从而解决最困难的问题，应对最大的挑战，创造出最大的合作成果。它的底层逻辑是基于人是如何运作、学习、发展、改变的，又是如何互相促动、激发、合作创造的科学研究。而要能够切实深入运用这些科学认知与研究成果，在真实的组织业务环境中理解、感知，并推动真实团队发生实实在在的改变，取得实实在在的业务成果，则需要大量的企业实践。

在厄尼持续不断的帮助、支持与鼓励之下，在随后的13年里，我在中国参与了大量的团队教练企业实践工作，做了上百场各种团队教练与发展工作坊，更从厄尼和LIM遍布全球的共享领导力团队教练那里听到、学习到大量的企业团队教练实践的案例和故事。作为团队教练，我们和来自不同行业、不同企业文化和职能背景、不同职级的团队一起经历和面对了许多混乱、复杂、冲突、沮丧和脆弱的时刻，我们也和团队一起经历了许多互相理解、支持、包容、欣赏，以及共担共创、直面困难、挑战自我、创造改变、共同实现与成就美好的动人与幸福的时刻。

2020年突如其来的新冠疫情给世界按下了暂停键，也让我有机会对自己正在从事的团队教练事业有了更多深入的思考。我看到很多企业家在疫情中艰难前行，他们个个身怀绝技，却总是不断地陷入困顿。我看到许许多多的领导者与职场人，他们善良、美好、勤奋、努力、肯担当、愿付出，却经常陷于深深的焦虑、指责、矛盾、冲突、愤怒、沮丧、迷茫、人际争斗与不知所措中。我深深地知道，其实我们的企业家和领导者们完全可以有更好的选择。他们只是需要向前一步，更多地学习、了解、拥抱，尝试应用共享领导力里蕴藏的古老智慧、领导哲学思想与行动准则，也许一切都会不一样。

2020年，我和厄尼共同做了两个决定。

第一，我会作为LIM全球地区合伙人，加入LIM。我们要将蕴藏着中国古老智慧的共享领导力的领导哲学、思想、方法和工具带入中国，让它植根于中国的文化土壤，惠及广大的中国企业家、领导者与职场人，在帮助中国企业提升业务成果、实现组织绩效翻转、满足可持续发展目标的同时，在中国创建更多美好和可持续发展的组织，提升企业家、创业者、各级领导者和员工的幸福度。经过一年多的积极筹备，尽管受到新冠疫情的干扰，2022年，共享领导力团队教练（中文版）认证课程终于正式落地中国。同时，我们也将LIM全球独家版权的共享领导力发展工作坊、更高绩效企业团队教练项目、组织绩效与业务结果翻转项目带入了中国。

我们的愿景是根植于中国文化与智慧，同时依托严谨的西方管理科学研究成果，陪伴并赋能中国的企业家和领导者们，共同打造高竞争力、适应性与美好的商业组织，赢得商业未来。过去的两年里，在中国，我们运用共享领导力的核心思想，已经为十余家头部企业客户提供了以上服务，并取得了非常好的业务成果。而在中国以外地区，LIM已经为全球顶尖的两百余家头部企业客户提供过类似服务，并帮助我们的企业客户实现了组织绩效与业务成果的翻转。我们相信，在不久的将来，将有越来越多的中国企业会从我们提供的服务中获益。

第二，厄尼将汇集LIM所有共享领导力团队教练们多年来在全球范围内的团队教练实践故事与经验，专门写一本有关共享领导力的书，送给我们的企业家、领导者和团队教练们，让他们了解并看到其实在当今这样一个复杂、动荡、充满不确定性的时代，企业家、领导者和团队教练们可以拥抱一种更好的领导与教练方式。

我们深深地理解，面对当今时代压力倍增的商业环境，中国的企业家们需要持续不断地带领团队应对新挑战，解决新问题，如降本增效、实现数字化转型、持续的商业模式创新、领导企业出海、打造商业生态链等等，可谓压力山大。然而，管理大师彼得·德鲁克（Peter F. Drucker, 1909—2005）曾说过：动荡时期最大的危险不是动荡，而是依然依据昨天的逻辑继续行事。我们中国人常说"无为而无不为"，越是在超级复杂、混乱的情势下，越是要观大势、造秩序，然后万物自化，天下归之。这本《共享领导力》，正是为我们的企业家、领导者们和企业内外部的团队教练们提供了这样一个在超级混乱、复杂的商业环境中观大势、造秩序，从而获得商业成果、赢得竞争优势的操作手册。

我们希望通过本书，通过将共享领导力团队教练服务与本书里介绍的共享领导力的领导哲学、思想、方法和工具带入中国企业，真正赋能中国的企业家、领导者、团队和个人，陪伴中国企业在激烈的世界竞争格局中，持续不断地发展进步，赢得商业未来。

创业的道路虽然不易，但只要坚持，就有机会到达目的地。

宋 晶

上海奕洵人才科技有限公司创始人

LIM 全球地区合作伙伴、中国地区负责人

2024 年 6 月 4 日夜

前　言

这本书让我梦想成真。时间回到 2011 年 1 月，那时我们开始与时任默沙东中国香港地区总经理的格雷丝·刘一起使用"共享"（Shared）和"领导力"（Leadership）这两个词。我们和格雷丝的领导团队一起定义了"共享领导力"的概念，并和她的领导团队一起将这个词付诸实践。我们一起营造了一个更好的工作场所，无论是作为个人还是一个团队，我们都更加敏捷、高效，更具价值，有了更多的创造与产出，成为更好的自己，最后我们一起创造了一个更加盈利的业务模型并实现了更好的业务结果。永远感谢格雷丝和她的团队的好奇心和勇气，我们从此开启了 12 年的共享领导力团队教练旅程，改变了许多团队，感动了数以千计的人，实现了许多有价值的业务成果与创造。现在我们用这本书来与你们分享我们从那时起学习到的一些经验。在这里还要感谢格雷斯和她的团队包括施定原和帕姆·王（Pam Wong）。

从那时起，我们一直倡导共享领导力的概念和工具，将其作为一种更好的领导和教练方式与我们所有的客户分享。

前　言

在此期间，我们不断尝试，也不断分享我们的洞察、发现与惊喜。2020年，我们决定在"共享领导力"一词后加上"行动准则"（Disciplines）一词。这是一个经过深思熟虑的过程的决定。我们的团队花了大量时间来给5项共享领导力的行动准则进行准确命名，并确定了将这5项行动准则付诸实践的原则、概念和工具。

我们的故事仍在不断继续。我们和我们的全球共享领导力团队教练社群，一直在我们客户领导团队的日常工作中，在我们自己的教练团队以及我们自己领导和工作的任何团队中，学习、践行和示范这5项共享领导力的行动准则。

我们为什么要写这本书

地球上持续发生的重大变化正在影响着我们的生活、工作和人际关系。每个国家和社会都受到——社会、环境、技术、政治、精神、经济和法律——多重变化的影响。近年来新冠疫情暴发，世界冲突加剧，这也给领导者们创造了新的优先事项、挑战和思考。如何能够在后疫情时代中，更好地领导希望能更好地掌控其工作和生活的"已觉醒的"人们？信息非常明确——我们需要一种更好的领导和教练方式。全球经济以及人类和地球的福祉与健康需要更多相互包容、相互依存的思维方式和更多维度的合作。

我们不得不重新审视当前的领导模式。已经有大量的研究指出领导者必须思考哪些东西，以下是我们将在本书中探讨的一些挑战和机遇：领导混合式团队；让团队中的每个人都参与进来；确保每一个声音都能被听到；打破每一个已存在的玻璃天花板；领导过程中保持透明和真实，拥抱不确定性，将不确定性作为创造和创新的机会；适应和调整；愿意展示脆弱并寻求"帮助"；在个人和专业能力上建立联结；挑战现状——在超越自己的企业和国家的层面上思考——认识到我们居住的地球和除我们自身以外的其他国家和企业的人也与我们的责任息息相关。这些就是我们在做这件事情的理由。可持续发展与和平关系到我们每个人。

写作本书的目的很简单——我们希望领导者能够受到鼓舞，有能力与他们的团队成员共享他们的领导力，并体验随之而来的转变。会议将变得更具魔力，工作将变得更有意义，团队成员也将变得积极投入。每个人的声音都能被听到。领导者们可以越来越多地将自己的影响力、权力和责任担当共享给团队成员，为团队成员创造一个鼓舞人心和富有吸引力的工作环境，让他们敢于直言，挺身而出，以更大的使命感为团队和彼此做更多的事情。让每一天都是令人期待的一天，都是有所作为的一天。

图 0-1 所示为共享领导力的 5 项行动准则。

前　言

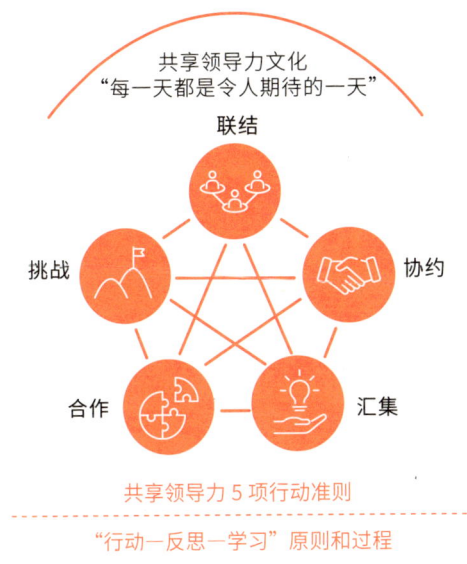

图 0-1　共享领导力的 5 项行动准则

这本书是写给谁看的

这本书是为每一位领导者、团队成员以及每一位期望成为团队教练的人而写的。我们希望读者能够对共享领导力的价值和好处有所认知，发现一些简单实用的原则、概念和工具，并运用这些原则、概念和工具把"自己的团队"或支持自己的客户团队打造成为"共享领导力团队"。

这本书的结构是什么

第一部分介绍了共享领导力的由来，以及相关研究，并解释了为什么当前传统的金字塔式的领导方式被打破了，需要一个更好的方案。

第二部分详细描述了5项共享领导力行动准则，包括每个准则翔实生动的定义、故事、概念和实用工具。

第三部分提出了在组织和团队中如何应用5项共享领导力行动准则应对现实工作中的一些挑战场景。它包括了5项行动准则在支持组织获得可持续发展与成功过程中的关键方法和重要见解。

第四部分为读者提供了一个关于如何成为共享领导力团队教练的清晰建议。

在本书的后面，我们还分享了在过去几年中我们遇到的15个常见问题、30个签到问题，以及我们在本书中提到的工具摘要。这些是我们的读者可以考虑使用的额外资源。

特别贡献和致谢

本书包含LIM的另外两位合伙人基于他们的热情和观点写下的非常重要的章节。

伊莎贝尔·瑞曼兹（Isabel Rimanoczy），她是一位思想领袖，也是一位多产作家，她有一种不可阻挡的韧性与激情，希望能够在世界范围内培养一种"可持续发展思维"，她撰写了本书的"15 实现战略重点——可持续发展"。我们很感激她激励我们拓展自己的思维、使命感，并使其成为我们全球使命的一部分。我们希望激励我们的领导者和教练们与他人积极展开合作，将可持续发展的理念带到世界各地。

威利·安德森（Willie Anderson），LIM 的首席执行官，前财富 100 强公司的高级经理，在过去的 24 年里一直是 LIM 的一员。在此期间，他见证了我们在全球范围内成为共享领导力和"行动—反思—学习"的思想与实践领袖。威利写了本书的后记，他基于一个优秀的职业经理人、LIM 的领导者和坚定倡导者的独特视角，分享了自己的见解和对未来的愿景。

我们非常荣幸地请到我们在瑞典的姐妹公司 MiL 研究所的前创始人兼总裁伦纳特·罗林为我们撰写序言。伦纳特和他的组织是 LIM 四位创始合伙人拉斯·塞德霍姆（Lars Cederholm）、维多利亚·马斯克、托尼·皮尔逊（Tony Pearson）和厄尼·特纳的灵感来源，他们将 LIM 带到了生活中。多年来，伦纳特一直是我们的榜样和导师。所以，伦纳特，非常感谢你为我们写了序言，并为我们的共享领导力之旅奠定了基础。

特别感谢创始合伙人、挚友和本书的编辑托尼·皮尔逊。

在 LIM 36 年的历史中，他见证并领导了我们作为个人和组织的成长历程。他对本书写作目的和每一页内容的关注，使我们作为作者在关注内容的同时，也精进了其对应的表达方式。谢谢你，托尼。

我们还要感谢我们领导团队的其他成员鲁比·帕尔马、特·贝尼特斯（Te Benitez）和我们过去的领导团队成员厄本·斯科格（Urban Skog）所做的贡献。他们与两位作者以及威利一起组成了 LIM 的领导团队，为践行共享领导力树立了榜样，同时也共同享受着分享领导力的过程和我们自己创造的成果。我们还要感谢帕姆·伯基特，她慷慨地对我们书的各个部分进行了编辑。

如果没有两位我们的人生伴侣伊莎贝尔和琼（Jean）的支持和鼓励，我们不可能完成这本书。谢谢二位！

最后，我们要特别感谢我们在全球范围内的更大的 LIM 共享领导力教练社群。你们的积极参与和承诺，定期会面，学习、分享和畅所欲言，对我们双方来说都是鼓舞人心的。我们之所以蓬勃发展，是因为我们社群中的每一个人都在每日的生活与工作中践行共享领导力。为我们所有人喝彩！

我们对这本书的希望

通过这本书，我们希望更多的领导者和教练能够采用共享领导力的方法来领导和教练他们的团队。从理性和直觉上讲，许多领导者都明白，在这个充满活力、复杂而又混乱的世界中，共享领导力是领导者可采取的最佳方式。然而我们需要让"共享领导力"成为现实的"核心技能"，这本书提供了这方面的知识、方法和工具。现在的挑战就是如何开始。

我们正处在一个历史性时刻，新冠疫情给职场带来了翻天覆地的变化，作为这个美丽、混乱世界的公民，我们必须学会合作，共同生活，共享我们的领导力，让我们的人民、我们的社会和我们的地球都得到应有的待遇。未来掌握在我们手中。我们该如何去做？

第一部分
共享领导力的由来
The Case For Shared Leadership

01

"金字塔"式的领导方式正在遭受挑战

在快速发展、竞争激烈的经济环境中,比管理运营团队更难的事情是在无团队的情况下保持企业持续运营。

——布赖恩·杜梅因(Brian Dumaine)《财富》杂志全球编辑

提到团队,很多人都会想象有一个领导者站在某个层级的顶端,而所有的团队成员则站在这个层级的下面,这是传统的关于领导力的观念——领导者和团队成员之间的关系是垂直的,是自上而下的关系。领导者负责领导,团队成员负责跟随,这种基于等级的领导形成了通常我们所说的"传统金字塔式的领导方式"。

自上而下的传统"金字塔"式的领导方式

在西方,这种传统的领导方式得到了从第二次世界大战归来的士兵的强化。在第二次世界大战中,基于军阶和军衔对士兵和部队进行自上而下的管理和领导无疑是非常必要的。而到了20世纪70年代,有管理顾问和教育工作者提出,公司需要等级更少的管理和领导方式,并且有许多公司开始尝试采用这种新的领导方式。然而,直到20世纪90年代,许多公司仍坚持自上而下的领导方式,在这种方式下,站在金字塔顶端的传统的领导者们表现得好像他们什么都知道,下属只需要服从。领导者们掌握着权力和权威,他们因自己的专业或业务技能和经验脱颖而出,却很少关注培养自己与人员发展相关的核心技能。他们是老板,主导着团队的思想和讨论,通常只依赖自己做出所有重要决策。

自20世纪90年代初以来,我们目睹了重大的技术、社会、政治和文化变革,这些变革极大地影响了商业、政府和非营利组织。重要的是,组织开始大幅提升对团队的依赖性——无论是职能团队、区域团队、矩阵团队、临时团队、全球团队、虚拟团队、项目团队,还是近期出现的混合式团队。团队领导者开始努力提升团队的参与度与投入度,激励他们的团队,以获得更高的团队绩效和成果。这种对更高团队成员敬业度的追求也和工作场所的关键变化息息相关。这其中就包括互联网的普及，越来越多的Y世代（出生于1980—1995年）和Z世代（出生于1995年之后）开始进入职场并逐渐加入领导团队；同时，婴儿潮一代（1946—1964年出生）开始退休。此外，对性别平等、包容性和多样性的要求也越来越高，员工也明确希望自己的声音能被听到。

教练过程中，我们看到许多组织仍然更加青睐界限分明的等级结构。这种倾向性在许多国家都真实存在，尤其是在不确定性较高的时代。虽然大多数公司的组织结构已经变得扁平化，但公司仍然需要有一个高管团队能够澄清并明确公司使命，制定业务发展战略，塑造组织文化。而要实现这些目标，就必须要有一个人为此负责，并最终对所有的业务决策和结果负责。但另一方面，我们应该意识到金字塔结构的一些弱点，包括：

1. 过度依赖单一领导者

领导者通常被认为是团队中在知识、技能和经验方面能力最强的人。久而久之，团队学会了过度依赖领导者来确定方向、计划工作、解决工作过程中所有的问题，并最终创造成果。因此，领导者往往坐在大巴司机的位置上，不断推动团队达成目标，满足预期，底线就是"要么达标，要么走人"。而领导者不在的时候，团队进展可能就会步履蹒跚，甚至失去方向。

2. 被动的团队成员

继续以大巴为例，虽然团队成员被告知要持续学习，能够为实现团队目标主动创造价值，提供支持，但当领导者们忙着操控方向盘驾驶车辆通过具有挑战性的地形时，团队成员往往会成为被动的乘客，他们习惯于等待领导者的指示，因为服从比领导更省力。在某些情况下，他们也想帮助领导者驾驶汽车，但他们的领导不允许他们这样做。玛丽·帕克·福莱特是20世纪初的一名管理顾问和社会工作者，她被彼得·德鲁克誉为"管理学的先知"。在谈到团队成员的惰性，他们既不了解自己的角色，也不关心自己的潜力时，玛丽说道："绝大多数人既不支持也不反对任何事情。当我们把人们聚集在一起时，我们的第一个目标是让他们做出某种反应，克服他们的惰性。"而形成每个人惰性的要素就包括他们的个性特质、职场文化、教养、教育和社会规范。这本书的一个重点就是探讨如何能够让不同的团队成员做出反应，并克服他们的惰性。

> 领导者往往坐在大巴司机的位置上，不断推动团队达成目标，满足预期，底线就是"要么达标，要么走人"。而领导者不在的时候，团队进展可能就会步履蹒跚，甚至失去方向。

3. 刻板的职位描述

在绝大多数公司里，领导者们会设定职位描述，以便让团队成员了解他们的角色和职责。然而更加重要的是，每一位员工，无论级别高低，都需要清楚自己的职责与角色是什么，以及该如何与上级和同事保持协同一致，以实现团队目标。职位描述看起来有效，却可能会产生领导者们并不愿看到的几个后果：一是它会限制团队成员的贡献度、自主性与创造性；二是它会加速形成一个个的组织深井和人与人之间的壁垒，它把团队中的每个人都限制在他们是做什么的心理边界之内。当我们对团队领导者和团队成员的工作加以描述时，它在潜移默化中又强化了这样一种观念，即团队成员不是领导，不应该承担任何领导者的角色，而是简单地听从领导者的指挥和协助领导者的工作。更糟糕的是，团队成员也并没有被邀请参与对自己的职位描述的设定过程。从一个典型的职位描述中我们很容易就能看到风险，那就是自员工开始和我们一起工作的第一天起，它就开始限制团队成员的绩效水平。

（1）**团队领导**。领导、指导、管理和控制被指定的所负责区域内的日常管理运营工作与活动和项目实施。

（2）**团队成员**。支持领导者完成工作目标，在规定领域提供专业知识并完成被指定、分配的工作任务。

传统"金字塔"式的领导方式正在遭受挑战

"金字塔"式领导方式正受到以下四个方面的挑战（见图1-1）。

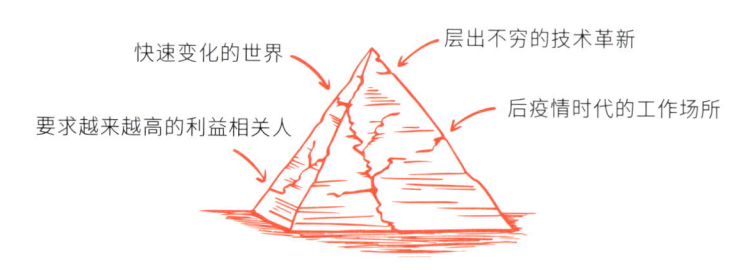

图1-1 传统"金字塔"式的领导方式正在遭受挑战

1. 快速变化的世界给领导力带来的挑战

我们的世界正变得越来越动荡、复杂、模糊与不确定。近年来，只有领导者才能够领导团队的观念越来越多地受到挑战。无论我们的领导人多么具有变革思想、远见卓识和富有能力，他们都是人。无论是在商业还是在政治领域、社区团体中，即便是那些最优秀的领导者，他们能做的也只有那么多，他们的能力和精力是有限的。

> 领导者的鞋子正变得越来越大，任何人都无法单独穿着。

第一部分　　　　　　　　　　　　　　　　　共享领导力的由来

在克拉斯·托尔斯塔德[1]（Claes Trollestad）2003年对瑞典15位首席执行官的调查研究中，首席执行官们一致认为，作为好的领导者，他们应该是成熟、稳定和平衡的人。然而现实情况是，他们总是在缺少时间、承受压力和应对来自不同利益相关者们的期望中挣扎。更多的时候，他们还需要为实现生活中必要的平衡而不断挣扎。事实上，不论层级，世界上绝大多数的领导者的处境都与他们一样。理查德（Richard）是新加坡一家全球制药公司的区域首席执行官，他告诉我们，他每天需要工作16个小时，周末大部分的时间也在工作。某一个周五的下午，在我们进行的一次教练会谈中，他告诉我们，由于新冠疫情的影响，他在那段时间一直都是在家办公，已经连续5天没有出过家门了。他在亚太地区总共有22位直接下属，工作负荷都很重。许多领导者都面临着类似的工作压力。理查德告诉我们，依赖加倍地努力工作来应对不断变化、提升的工作需求，无论是从组织和专业能力的层面来说，还是从个人家庭与健康的层面来说，都是不可持续的。

2. 利益相关者的要求不断提高

组织内外的利益相关者们的要求正变得越来越高。股东

---

[1] 克拉斯·托尔斯塔德是瑞典的一位学者，以研究领导力、组织文化和基于价值的管理学著称。——译者注

和老板们每年都需要领导者创造更大的价值，取得更佳的绩效，但往往提供不了必要的资源。一个经常听到的管理格言是"用更少的资源做更多的事"。

从员工的维度来看，企业员工正变得越来越难以领导，也越来越不愿意接受来自领导层的"指手画脚"。Y世代和Z世代（本书中统称为千禧一代）渴望在工作中寻找价值和意义，渴望在能与他们产生使命价值共鸣的地方工作。他们希望能够以有意义的方式运用自己的优势和才干。他们也希望能够获得领导者的关注和聆听。

乔治是我们一位新加坡同事的儿子，今年20岁，他申请了一份软件工程师的实习工作。在公司的选拔面试中，招聘经理问他对未来的工作有什么期望。沉默了一会儿后，他说有三件事对他来说很重要：

· 他的工作必须为社会带来积极的影响。
· 公司必须能为他提供适合的硬件条件。
· 他需要享有表达自己想法和建议的自由。

一些公司仍然不愿意接纳这个世界上像乔治这样希望对自己的工作内容和工作方式拥有更多发言权和控制权的年轻人。

然而，另外一些组织已经认识到，如果我们可以提供更加开明、更具智慧的领导方式，团队将因为能够激发像乔治这样的年轻人的激情和能量而蓬勃发展。忽视这种激情与能量，企业就会错失像乔治这样的年青一代，也会错失这样的年青一代将为企业带来的创造力和可能性。

3. 无情的技术革新

还有一个挑战是由无情的技术革新的脚步造成的，通常被称为"工业革命4.0"。21世纪的转型是非比寻常的。世界正在见证机器人、人工智能、纳米技术、物联网、量子计算、生物技术、3D打印、自动汽车驾驶、5G以及现在我们正在谈论的6G等领域的新兴技术的突破，几乎每个行业都受到了工业革命4.0的影响。

许多组织已经启动了企业内部转型战略，以保持企业的竞争力，并能与时俱进。我们目睹了在交通、酒店、银行、零售、食品和饮料行业，现有的商业模式是如何被新进入者彻底颠覆的。许多新进入者尽管是新手，却来势汹汹，而且它们全部都能够很好地应用数字技术。

压力不仅来自企业外部的竞争对手，由技术创新带来的内部挑战及其对员工的影响也须得到关注和解决。当组织希望他们的员工快速适应外部环境变化时，也需要对部分员工尤其是那些一直躺在舒适区里的老员工将会抗拒改变的情况保持警惕。其中最关键的是，当组织推动变革时，需要让它的员工参与进来，并向他们阐明公司为什么需要改变，公司将如何支持他们应对改变。

4. 后疫情时代的工作场所

从 2020 年开始的两年多时间里，世界一直在努力应对前所未有的变化。为了遏制新冠疫情的传播，许多国家被迫多次封锁城市。

新冠疫情的大流行已经永久性地改变了我们的工作场所。长时间在家工作表明，许多员工在家工作可以和在办公室工作一样高效，并可以在工作和个人生活中取得更好的平衡。他们每天可以节省下来几个小时的通勤时间用于"个人时间"和与家人互动的时间。许多组织开始倾向于采取混合办公的模式，即员工可以自由决定在办公室和在家工作的时间。这样既提升了员工满意度，又节省了办公成本，但这无疑增加了作为团队领导者的挑战。

《哈佛商业评论》（*Harvard Business Review*）在 2020 年 7 月发表的一项研究中，对 24 个不同国家的 1200 人进行了调查，结果显示，在接受调查的 215 名主管中，40% 的人对自己需要远程管理团队感到信心不足。他们对远程办公的团队成员的表现持有更多负面看法。约 38% 的人认为，远程工作者的绩效表现不如每天在办公室里工作的人。当团队中的每个人都可以轻易地看到彼此，在某些情况下，可能只是需要大喊一声就能听到彼此的情况下，金字塔式的管理方式在个人层面可以高效地运作。然而当领导者们看不见需要管理的人的时候，当管理需要更多地基于彼此的信任的时候，金字塔式的管理方式就将面对很大的挑战。

表1-1 展示了新冠疫情前后工作场所的对比。

表1-1 新冠疫情前后工作场所对比

序号	新冠疫情前的工作场所	新冠疫情后的工作场所
1	通常在办公室朝九晚六。	灵活的工作时间和地点,只需要履行职责和交付成果。
2	用眼睛管理。让别人看到你在工作,专注于过程和行动。	基于信任的管理。专注于结果和产出,较少看到过程。
3	更受限的团队,因为团队成员大都受到地域限制,是从本地雇佣的。	更多的成员被跨地区雇佣,从而增加了团队成员的多样性。
4	默认面对面会议模式。	默认线上会议模式,面对面会议只是出于必要或特定目的。
5	明确职业生涯阶梯和成长路径。	员工基于他们的热情和优势,打造自己的专业技能组合,可以有更多的职业选择。
6	工作是事先约定好的、结构化的、有组织的。	工作是流动的、多样的,员工在需要的时候加入进来。
7	由于过度关注职能或者个人职责,团队内部和团队之间缺乏信息共享,各自为政。	团队成员随时能够畅所欲言,信息在团队内部和团队之间被自由地共享,并能得到更快的回应。
8	团队成员依据指示和命令行事。	任何团队成员都有机会发起并参与问题的解决和决策。

续表

序号	新冠疫情前的工作场所	新冠疫情后的工作场所
9	学习就是吸收已有的知识。	学习是吸收、调整已有的知识,并主动创造新的知识。
10	专注于工作需求和产出。以交付工作结果为导向。	关注人作为完整个体的需求。个人的工作和成果都得到重视,更人性化的工作场所和组织。

三种改变

自从进入 21 世纪以来,传统金字塔式的领导方式的基础就开始倒塌。这在一定程度上是由自动化和数字化技术的兴起、信息的民主化以及有更高要求的从业者共同推动的。大约 20 年前,乔伊斯·K. 弗莱彻(Joyce K. Fletcher)和卡特琳·科伊费尔(Katrin Käufer)在他们的著作《共享领导力:悖论和可能性》(*Shared Leadership: Paradox and Possibility*,*2003*)中提到了以下三种改变:

1. 基础比顶部更重要

单一领导者的概念正在逐渐消失。一个组织就像一座冰山,底部比顶部更重要。集体的成就和共同的责任比领导者和成员的个人成就更重要。

2. 领导力是带有社交属性的

领导力是一种社交活动,需要将团队成员视为部分社交主体,给予其关注,鼓励其参与。团队成员也是领导力的共同创造者。

> 领导力是一种社交活动,所有参与其中的团队成员都是领导力的共同创造者,因此领导者们需要关注其他团队成员并让其他成员作为具有社交属性的人也参与其中。

3. 领导力是集体学习

领导力是为了领导者和团队的成长而进行集体学习的能力。

事实上,以上所描述的给全球范围内的领导者们带来巨大压力的核心要素在逐年递增。新冠疫情的影响也将在全球范围内持续多年,并进一步动摇旧的组织范式与领导方式。新冠疫情后,领导者们需要用一种新的思维模式来看待他们的领导力。领导力的方式将朝着提供更多咨询、更多合作和以人为本的方向发展。随着组织不断对团队绩效和企业人才提出更高的要求,组织也将越来越重视对团队和个人的教练和投入。

洞见

我们的观点是,员工敬业度仍将是一个重大挑战。大量研究表明,只有不到 20% 的员工能够全身心投入工作。这一事实对领导者的思维和组织生产力有严重的影响。这意味着,任何想要建立一个更高绩效团队的领导者,都必须培养一种能力:让 80% "不完全投入"或"不投入"的员工能够积极参与进来,并能从他们身上汲取专业知识和能量。而一个持续的对领导力的挑战,将是如何寻找更好、更有效的方法来最大限度地发挥每个员工的潜力。

任何一个渴望打造更高绩效团队的领导者都必须发展出一项核心能力,那就是针对团队中 80% 不那么积极甚至是已经默默脱离团队的团队成员,激发并获取他们的能量和专业贡献的能力。

某世界最大银行之一的全球 CEO(首席执行官)相信,只要可以将其企业员工的员工参与度水平提升几个百分点,他所领导的银行的绩效水平就可以超过全球所有其他银行。也因此,这家银行在中国某城市的学习与发展部负责人邀请我们就这个话题与他们公司 80 位顶级领导者进行了 4 个小时的主题分享。然而我们拒绝了她，并说："进行长达4个小时的主题分享，这种做法本身就不像是一种能让人积极参与的方式。我们不会这么做。但是，我们可以与您的学习与发展部的同事一起设计一个能让大家共同积极参与的工作坊，在4个小时的工作坊结束时，您的80名顶级领导者将共同完成一部题为'提高XYZ银行员工敬业度：我们将做什么'的行动指南手册的创作。"他们做到了。我们今天需要做的就是创造一个安全的、有吸引力的环境，让包括领导者在内的所有员工都能够畅所欲言，让集体智慧从内向外涌出并制定出解决方案。答案就藏在每个人的内心里，我们只需要帮助他们将答案浮出水面。

在下一章中，我们将开始研究共享领导力的领导方式。我们相信，这是我们的领导者和组织所需要的能够帮助他们的团队和员工释放最佳状态，在这个充满挑战的新商业环境中脱颖而出并取得胜利的最佳方式。

02

共享领导力——一种更好的领导和教练方式

> 动荡时期最大的危险不是动荡,而是依照昨天的逻辑行事。
> ——彼得·德鲁克(Peter Drucker)现代管理学之父

共享领导力非常像体育运动中的团队项目,需要整个团队齐心协力才能取得成功。为了赢得比赛,我们不可能时时刻刻都依赖场上队长的指挥和领跑,而是需要场上的每位运动员都能主动跑位,创造得分的机会,并在比赛的不同时段发挥主导作用。所有的场上队员都需要在必要的时候承担队长的责任。正如德勤美国首席执行官詹姆斯·奎励杰(James Quigley)所说:"领导者的永恒挑战就是将一群不同的人聚集在一起,并创造一个环境,让他们能够有效地合作,实现共同的目标。"

什么是共享领导力

共享领导力的概念并不新鲜,许多组织已经成功地实践了它。自 2000 年初以来,LIM 公司的共享领导力团队教练们一直在与我们的客户组织中的领导者们分享共享领导力的概念与工具。从本质上讲,共享领导力是一种领导方式。采取这一领导方式的领导者们能赋予团队成员更多的影响力、权力和主人翁意识,使他们能够勇于表达、勇于创造,并能主动担当,以更高的使命感担负更多的团队领导责任,从而发挥更多潜能、创造力和主观能动性。

共享领导力的一个最好的隐喻就是飞翔的雁群,如图 2-1 所示。

图 2-1 飞翔的雁群

不同于传统的领导方式总是强调领导者需要向下施加他们的影响力,共享领导力着眼于团队,强调一起共事的同事之间需要不断交换他们的思想和影响力。考克斯(Cox)、皮尔斯（Pearce）和佩里（Perry）在 2003 年的论文《朝向共享领导力：创新过程中的影响力分布模型》(*Toward a model of shared leadership and distributed influence in the innovation process*)中将共享领导力描述为"让整个团队发挥出影响力、创造力与领导力的必要条件"。让共享领导力卓有成效的一个必要条件是团队成员之间存在共同的使命、目的和价值观。当一个团队是由来自不同职能或背景的成员组成时，这可能是一个挑战。因此，对团队使命和目的的承诺是确保团队集体有效性的黏合剂。共享领导力的另一个明显的益处是，当所有团队成员都在合力应对挑战时，他们就有机会看到其他成员身上所具有的优势和能力，从而互相学习，促进自身的发展，并产生团队的凝聚力。

> 究其根本，共享领导力是领导者将其自身拥有的职权、影响力、责任担当共享给他的团队成员的一种领导方式，从而赋能他的团队成员，让成员能坦诚直言，勇于担当，以更高的使命感在团队中担当更多的领导责任。

共享领导力对于任何组织中的未来领导者和人才培养来说都是一种强有力的发展方式。我们发现，一旦组织中的领导者们和人力资源的专业人士了解了共享领导力，他们就会对它将如何对组织文化、绩效和人才发展带来积极的改变和影响充满信心。

为什么共享领导力是一种有效的领导和教练方式

共享领导力的诞生源于领导者的智慧和"领导者不可能独自完成所有的任务"的自我觉察，有一定的必然性。在跨国公司、社会组织、政府机构、家族企业和初创企业等组织中，大多数经验丰富的领导者们都意识到，"众人拾柴火焰高""一个好汉三个帮"。让领导层更有效的方式也可以让组织中的其他层级更有效。我们认为，将这种对高层领导团队有效的领导与教练的方式传递到组织中的其他层级也是有其价值和意义的。我们将这种领导与教练方式赋能给我们的客户，帮助他们的组织、团队和个人发挥出最好的一面，并在组织中成功培养了很多下一代领导者。

共享领导力可以对我们在本书"01'金字塔'式的领导方式正在遭受挑战"中讨论过的四个核心领导力挑战做出有效回应：

（1）在快速变化的世界中，商业运营条件和决策正变得越来越具有挑战性；

（2）利益相关者的要求不断提升；

（3）无情的技术革新；

（4）新冠疫情后工作场所的改变。

从表 2-1 可以看出，共享领导力在五个方面优于传统的"金字塔"式的领导方式。

表 2-1 "金字塔"式的领导方式与共享领导力的比较

	方面	"金字塔"式领导方式	共享领导力
1	团队领导	由领导者驱动。工作职责由团队领导者向下委派给团队成员。	由领导者和团队成员共同驱动。立足于工作本身，团队成员与领导者责任共担；团队成员会主动畅所欲言，并在必要时挺身而出。
2	影响力	领导者通常需要从上到下对所有团队成员施加影响力。	无论工作角色或级别如何，任何团队成员都可以对领导者或其他团队成员施加影响力。每个团队成员的声音都能被听到。
3	权力与控制	权力由领导者集中掌握。领导者牢牢把握方向盘。	团队成员被集体赋能，根据情况和工作需要由团队中最适合的人把握方向盘。
4	心态	领导者做决定，并对团队的目标和结果负责。团队成员视自己为"干活的人"，听从上级的指示。	领导者和团队成员共同承担团队目标和结果，团队成员既要积极思考、献计献策，也要努力完成工作任务与目标。

续表

	方面	"金字塔"式领导方式	共享领导力
5	成员激励	领导者更多地依赖外在奖励与团队成员进行交换,以换取团队成员的工作成果。根据领导者的不同,团队成员也可能受到内在的激励。	团队成员更多的是受到来自团队共同的使命、愿景、核心目的、团队成员所拥有的自主权、团队氛围、成长机会和领导者的素质等因素的激励。

从上面的讨论中,你可以看到共享领导力是如何有效应对外部环境变化带来的挑战和机遇,并同时培养和发展企业员工,使整个组织获得竞争优势的。它的核心目的是利用最小的成本投入,最大限度地开发和运用所有企业员工的潜在力量。不是通过指挥命令,而是通过创造适宜的组织文化与领导方式,使所有的员工提升主人翁意识,群策群力,主动担当,有效发挥他们所拥有的潜藏的资源、智慧和优势,为企业的发展做出更大贡献。

实现共享领导力的先决条件

通常情况下,人们都是凭借他们的技术专长或出色地完成他们的关键绩效指标(KPI)的能力来获得领导层级的晋升。在实现组织利润率等数字目标方面表现出色的领导者们通常会被评为组织中的优秀领导者，并因此获得组织认可和奖励，这些奖励和认可也激励着这些领导者更加努力地"鞭策"自己的团队成员。

然而这种只关注并认可实现组织"数字目标"的单一现象正在迅速发生改变。除了数字目标，组织还需要领导者们能够激励和培养更多优秀的企业员工，实现更具挑战的组织目标。换句话说，领导者们必须双管齐下，既要能够实现组织的数字目标，还要能够为企业员工创造条件，使他们能够发挥潜力优势，做到最好。

一个行之有效且可持续的解决办法是共享领导力。

> *领导者们必须关注两点，第一点是关注组织目标的实现，第二点是创造条件让你的团队成员成为他们能够成为的最好的样子。而对此的一个有效且可持续的回答就是共享你的领导力。*

根据考克斯、皮尔斯和佩里（2003）的说法，团队实现共享领导力的能力基于以下三个标准：

（1）团队成员理解彼此之间的期望，并能对彼此产生建设性影响；

（2）团队成员在团队需要的时候愿意承担团队领导责任，

同时愿意接受来自其他团队伙伴的领导；

（3）团队成员拥有既能有效跟随又能有效领导的能力。

换言之，在你的团队中要想实现共享领导力，需要做到以下几点：

1. 领导者们必须先"上车"

想要成功实施共享领导力，领导者们必须理解并乐于学习和体验新的领导方式。毋庸置疑，领导者意味着影响力、权力和责任。我们的经验是，在真正体验到共享领导力所带来的好处之前，一些领导者是不愿意采用这种领导风格的。他们认为，既然他们被赋予了团队领导者的角色，他们就需要承担领导团队取得成功的责任。并不是每位领导者都能接受共享领导力的概念。另一些领导者则认为，如果他们下放太多的影响力和权力，他们就会失去作为领导者的权威，他们的团队成员就会轻视他们。你可以在本书"14 打造一种共享领导力企业文化"中读到更多关于此项的内容，我们将在该章讨论如何帮助我们的领导者们"上车"。

2. 建立清晰的工作规范，学习使用工具

团队需要定义他们希望如何在一起工作，并学习共享领导力的有效工具，使得他们能够采取有效的方式完成这一步

骤。这部分的需求包括：

（1）就团队的使命、目标和想要实现的结果达成一致；

（2）定义并接受团队成员一起工作时所需要共同遵循的行为规范；

（3）团队领导者和团队成员之间需要就如何实现团队战略目标进行商讨，并详细说明一方对另一方提出的期望、要求和提供的支持、帮助是什么；

（4）赋能领导者和团队成员共享领导力的技能和工具，使他们能够轻松、有效、愉快地践行共享领导力，实现团队目标。

3. 让共享领导力成为一种新习惯

所有团队成员都愿意走出他们的舒适区，向前一步，接受新的认知、行为和态度，开展新的学习，设定并遵循一定的行为规范，让共享领导力在团队中变得鲜活起来。每个团队的改变都需要时间和努力。就像你种在土壤里的树苗一样，树苗在开花结果之前需要时间来培育。同样，领导者和团队也需要在"不断尝试"过程中坚持学习，强化训练，才能看到在团队中发生的明显改变和成果。

创建真正适合工作的地方（P.L.A.C.E.）

新冠疫情让许多职场专业人士都按下了"暂停"键，开始重新评估他们的工作、事业和生活。新冠疫情带来的后果之一是"辞职潮",这个词于2021年在美国首次出现,指的是数以百万计的员工大批离职,寻找更能满足或匹配他们需求和愿望的工作。

尽管"辞职潮"才刚刚出现,但企业却一直都在处理员工辞职的问题。造成这种人才流动的一个关键原因是人们还没有找到一个真正适合他们的地方。一个真正适合的地方有以下五个基本要素:

· 目的(Purpose):有明确的目的或理由,即我"为什么"要在这个团队或组织工作。当"为什么"变得明确并与每位员工深度联结时,员工的工作将变得更具使命感和意义。

· 领导力(Leadership):睿智的领导者会为团队提供追求卓越的空间,与团队分享他们的影响力、权力和主人翁意识。这样的领导者会为团队创造能够自我实现的地方和环境。

· 自主权(Autonomy):员工可以控制和管理他们的工作和生活。当他们清楚地知道团队的目标、团队对自己的期望、自己需要完成"什么"之后,他们就可以自主决定到底该"如何"完成和"在哪里"完成工作。混合式办公模式对员工来说是一种激励,因为他们可以更好地掌控自己的工作和生活。

· 联结(Connections):有温暖和互相关怀的团队氛围。每个团队成员都觉得自己是团队中的一员,将彼此视为有血有肉的"人"，互相关怀，彼此支持，而不只是团队中"干活的人"。相互的联结可以提升每位团队成员的团队黏性、韧性和团队精神。

· 天赋（Endowments）：提供允许员工充分发挥他们天赋才干、优势和能力的空间。在这里，团队成员们可以充分施展自己的才干，发挥优势和闪耀光芒。每位团队成员都有机会进一步学习、成长和拓展他们的优势才干，并将此作为团队协约的一部分。

这是激励人们从内向外追求卓越的五个关键因素。当人们找到了适合他们的地方，他们也就没理由再另谋高就了。好消息是，每个领导者都能够运用本书中描述的共享领导力的行动准则为他们的员工创建适合的地方（P.L.A.C.E.）。

洞见

每当我们与企业领导者和团队教练们谈论共享领导力时，他们都会点头表示同意，"是的，为什么不呢？"几乎每个人都能理解并感受到其中的逻辑和常识。但也有一些领导者和教练对其可行性缺乏信心，需要更多时间来接受这一改变。这其实就是学习和改变过程中的一部分。

当企业领导者们愿意以开放的态度学习并接受一种更好

第一部分　　　　　　　　　　　　　　　　　共享领导力的由来

的方式来领导和教练他们的团队时，共享领导力就会发挥作用。在当今瞬息万变的世界中，激发团队和个体成员的最佳状态，创造更大价值，将成为企业领导者脱颖而出的关键因素。在领导力发展与团队教练领域，我们与企业组织的领导者们和团队一起工作了近40年，我们的经验是，共享领导力可以在不同的社会、企业文化中发挥作用。我们曾见证它横跨美洲、非洲、欧洲和亚洲的各个国家和地区，在不同地区文化背景下的企业中获得成功。换言之，共享领导力是一种能够跨越不同地区和文化的领导方式。它的魅力在于它激发的是我们每个个体所共同拥有的内在渴望，那就是从事有目的和有意义的工作，实现自主发展，有做出贡献的空间和学习、成长的机会。

> 在当今快速变化的时代下，激发团队及团队个体成员的最佳状态的能力是不同领导者们核心领导力的关键区分点。

到目前为止，你已经清楚地了解了到底什么是共享领导力以及为什么需要共享领导力。在我们向你进一步说明到底该"如何做"之前，本书"03 共享领导力的演变过程"将帮助你理解共享领导力在过去100年里是如何逐步演变形成的。

03
共享领导力的演变过程

> 领导力并不是由领导者行使自己的权力来定义的,而是由能增强被领导者的权力感的能力来定义的。领导者最重要的工作就是培养更多的领导者。
>
> ——玛丽·帕克·福莱特 管理顾问、社会工作者

上千年来,在世界上许多地方,对领导者和领导力的研究就一直吸引着人类。回溯历史,我们从许多思想家与哲学家如孔子、老子、孙子、苏格拉底、柏拉图、马基雅维利、彼得·德鲁克那里,都学习到了领导力。

领导力理念与实践

有趣的是,直到18世纪末,"领导力"一词才出现[1]。

> 领导者最重要的工作就是培养更多的领导者。

从那时起,各种领导力理念和实践开始不断进化、演变,直到今天,这种领导力思想的进化演变过程可以概括为5个时代[2]。

1. 人格特质时代(19世纪60年代—20世纪40年代)

科学家兼研究员弗朗西斯·高尔顿(Francis Galton)在1869年出版了《遗传天才》(*Hereditary Genius*)一书,这是第一次对领导者的社会科学研究。他在书中表明的主要观点是,领导者是天生的,而不是后天培养的。领导者身上所散发出来的影响力是自然天成的,而不是后天养成的。多年来,

---

[1] 拉尔夫·M. 斯托格迪尔(Ralph M. Stogdill,1904—1978),管理科学和心理学名誉教授,他在1974年出版的《领导力手册》(*Handbook of Leadership*)中提出领导者应具备的10项特质,极大地完善了领导力相关理论。

[2] 参考自艾伯特·S. 金(Albert S. King)在1990年发表的《领导力理论的演变》(*Evolution of Leadership Theory*)。

人们一直强调领导力形成的关键在于遗传特质，崇尚具有伟大领导特质的个人英雄。特质论的普遍性在20世纪中期遇到了挑战，原因是在不同情境下，人们很难对伟大领导者所需具备的特质属性达成广泛共识。

2. 行为时代（20世纪50—70年代）

行为时代不再关注领导者所需具备的特质属性，转而关注领导者的行为。这个时代达成的共识是，研究优秀领导者的行为方式，以便让其他领导者复制这些有效的行为方式。行为研究的焦点是探究领导者是如何对任务和人员产生影响的。领导者该如何强化、塑造下属的理想行为的研究也是这个时代的亮点。密歇根大学的领导力研究中心、俄亥俄州立大学领导力研究中心，以及由罗伯特·布莱克（Robert Blake）和简·莫顿（Jane Mouton）共同开发的管理方格理论，都是在这一时期发展起来的。

3. 情境时代（20世纪50—80年代）

情境时代认为，领导力并不是单一维度的。除了领导和下属之间的动态关系之外，还存在其他影响因素。为了实现有效的领导和影响，领导者需综合考虑个性、行为、场景和影响力等多种因素。由保罗·赫西（Paul Hersey）、肯尼思·布兰查德（Kenneth Blanchard）提出的情境领导力和路径目标理论都是很好的例子。

4. 转换时代（20世纪70—80年代）

转换时代的领导力研究将领导力视为奖励和惩罚的交互系统。它聚集于领导者与团队成员之间的角色分化和社交互动。二元联动理论就是在这个时代发展起来的一个很好的例子。

5. 变革与文化时代（20世纪80年代至今）

变革与文化时代的重点是基于环境和领导者，为团队成员提供内在动机，而非外在动机。其核心思想是，领导者应该发挥自己的影响力，促使团队成员做出内在承诺，而非依赖外在管理制度。当领导者能够在组织团队中创造一种强有力的文化和氛围时，员工就能够自觉自愿进行自我领导，而领导者的主要角色就是不断激励他们的团队成员将绩效做到更好。

面对不断变化的商业与社会环境和新技术，随着我们对人类需求和动机的知识和理解不断提升，领导力也在不断向前发展。未来演进的方向就是要不断寻找能够应对当前和未来社会发展的机遇和挑战的创新的解决方案。

共享领导力的历史基础

如上所述,随着领导力理念的不断发展和演进,通过提升团队成员的参与度和投入度来获得更高的团队动机和绩效水平的领导思想开始涌现。这些思想成了共享领导力的起源。

共享领导力的历史基础包括:

1. 情境法则（20世纪20年代）

玛丽·帕克·福莱特被许多人誉为共享领导力之母。她在1925年提出了"情境法则"的概念,即人们应该追随最了解情况的人,而不仅是拥有正式权威的人。用她的话来说,领导力是与他人共享的权力,而不是凌驾于他人之上的权力,"领导者的部分任务就是让其他人参与到他的领导中来"。最好的领导者能够让他的追随者感受到自己的权力与力量,而不仅仅是承认他的权力。

2. 参与决策（20世纪60年代）

自20世纪60年代末以来,让员工参与决策一直是学者和研究者的兴趣所在。他们就员工参与度与员工满意度之间的关系及其对企业生产力的影响进行了大量研究。员工参与的重点是工作,通常与工作是如何组织起来的、做什么以及谁来完成相关。

> 最好的领导者能够让自己的追随者们感受到自己的权力与力量，而不仅仅是承认他的权力。

在一项由戴科勒（Dachler）和韦波特（Wilpert）于1978年主导的名为"员工参与的多种形式和不同结果"的研究中，他们分析了以往所有的相关研究，并得出以下结论：

·企业要达到较高的员工参与度有一定的困难，然而一旦员工参与度得到提升，便可直接且长期为企业带来更高的绩效水平和生产力。

·员工参与公司决策的方式属于直接参与形式，如员工能够直接参与或影响工作决策，相较于那些员工的观点由其他人代表的间接参与形式显示出更大的效力。

·非正式的员工参与形式能有效提升员工整体满意度。我们在查看了15份独立的对主管满意度的调查研究报告以及对工作满意度的调查研究报告后发现，每一项调查研究的结果均表明员工满意度与员工非正式参与度呈正相关关系（我们将非正式参与定义为团队成员通过非正式的沟通互动达成有效共识）。

3. 垂直二元联动（20世纪70年代）

另一个早期的共享领导力的概念来自乔治·格雷恩（George Graen）在20世纪70年代提出的垂直二元联动或领

导者-团队成员交换理论。为了提升团队成员的个人承诺度和主人翁意识,领导者们应该"为团队成员提供更大的角色自由度、更大的支持力度,以及对团队运营更大的影响空间和更多关注"。

垂直二元联动过程分为三个阶段:

(1)角色承担;

(2)角色重塑;

(3)角色固化。

在角色承担阶段,领导者会与每一位团队成员进行沟通,明确他们的职责和对他们的期望。团队成员会基于此展开他们的工作,并找寻机会做出贡献。在这个过程中,团队成员要允许领导者观察自己的能力。

接下来是角色重塑阶段。领导者依据不同团队成员在履行职责时的不同表现与行为方式,对团队成员进行不同的管理和对待,由此产生的结果也是非常不同的。这主要取决于每个团队成员在一开始对他们所需承担的角色的反应,以及他们对领导者对他们个人的看法和评估的反应。依据不同团队成员的反应,团队领导者会逐渐将他的团队成员分别放到"内圈"和"外圈"。与被放到"内圈"的人相比,"外圈"的人更受领导者的信任,会得到领导者给予的一些额外的发展机会并被赋予更多责任。

> 企业要达到较高的员工参与度有一定的困难,然而一旦员工参与度得到提升,便可直接且长期为企业带来更高的绩效水平和生产力。

在角色固化阶段,"内圈"和"外圈"的人的角色关系、工作范式和惯例就逐步稳定下来了。谁将在团队工作中提供咨询建议,谁将提供支持配合,谁需要完成工作,也都慢慢稳定下来了。

4. 自我领导与赋能(20世纪80—90年代)

即使没有任何任命或选举,领导者也可以从一个无领导群体中脱颖而出。当情况需要时,任何一个团队成员都可以站出来承担特定的任务,甚至承担领导者的角色。领导者的产生源自其他团队成员的共识和支持,而不是老板的决定。由团队自主产生的领导者所带领的团队往往表现出对团队更高的承诺度和绩效水平,以确保他们的领导者可以取得成功。

自20世纪60年代引入这一概念以来,自主管理的团队越来越受欢迎。自主管理的团队指团队成员共同负责提升产品质量、生产力,共同解决问题。它的受欢迎程度随着互联网的指数级增长而增长。如果这些团队成员具备专业知识,且见多识广、能够自我激励、自我引领,他们就不太需要来自领导的监督和指导。

5. 共享领导力（21世纪以来）

具有共享领导力思想的领导者们意识到，领导力可以来自团队中的任何成员，而不一定只来自自己。"共享领导力"一词从21世纪开始被广泛使用。20世纪80年代初期，LIM与瑞典MiL共同开创了"行动—反思—学习"理论。在此理论的基础上，我们与世界各地的企业领导者开展领导力发展项目合作和教练服务。同时，我们对各种流程和工具进行了反复的测试、验证、迭代和开发。自此，"行动—反思—学习"理论变得越来越广为人知。

无论是过去还是现在，LIM与来自世界各地的领导者们一起工作都是为了使他们能够与团队共享更多的影响力、权力和主人翁意识，即倾听每个团队成员的声音，为团队提供一个能够坦诚沟通的安全的工作环境，让团队发挥更多的领导力与影响力，以实现更佳的团队绩效和结果。

> *具有共享领导力思想的领导者们意识到，领导力可以来自团队中的任何成员，而不一定只来自自己。*

自2000年以来，LIM的共享领导力教练团队一直在全球各地区陪伴我们的企业客户的领导者们有意识地在组织内建立"共享领导力文化与团队"，充分调动团队中每个成员的内在动力，开发他们的隐藏能力和知识，而不仅仅是从属和跟随者。

共享领导力演化的时间轴如图 3-1 所示。

共享领导力的演进

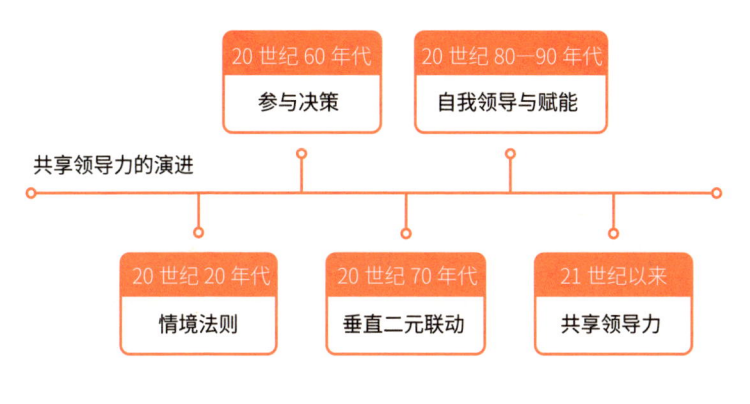

- 20 世纪 20 年代　情境法则
- 20 世纪 60 年代　参与决策
- 20 世纪 70 年代　垂直二元联动
- 20 世纪 80—90 年代　自我领导与赋能
- 21 世纪以来　共享领导力

图 3-1　共享领导力演化时间轴

大约在同一时间，另外两个相关的概念也被提出：分散式领导力和集体领导力。

分散式领导力

分散式领导力是指在不损失领导者任何权威地位的情况下，尽可能地分散领导权。分散式领导力的一个关键动机是减轻领导者的负担。它在 21 世纪初获得了很多关注，尤其是在美国的教育界，随着学校校长的工作量不断增加，校长的责任被分配给了学校教师，这样做有助于减轻校长的压力。

在分散式领导力中，领导者的角色是在团队中创造共同的事业、价值观和目标，同时积极地向团队成员委派责任和任务。

集体领导力

集体领导力源自"共同"领导的概念，领导者们一起工作以实现集体目标，它起源于社区自主领导团队。医疗保健是应用集体领导力的一个前沿领域，医疗保健领域的相互依赖需要更多地采取集体领导力来提高决策质量，保证患者安全。这与由获得正式任命的部门领导做出决策的等级制方式正好相反。集体领导使领导者们能够在他们的专业知识、职能、团队、组织甚至地理边界内外无缝衔接与合作。它使得具有不同专业学科背景的团队一起工作，为整个集体带来不同的观点、专业知识和价值，以解决医疗诊断和治疗中复杂而具有挑战性的问题。

韦斯特（West）等人在《组织有效性》（*Journal of Organizational Effectiveness*）杂志中说："在集体领导文化中，担责和问责的责任同时存在于个人和集体两个层面。他们会定期进行集体反思与学习，使从失败中学习和持续改进成为组织的一种集体习惯。相比之下，命令和控制型领导文化会将担责和问责的责任全部放到个人身上，导致了替罪羊和害怕失败的组织文化，抑制了对组织创新与持续改进的追求。"

在世界各地的企业组织中，共享领导力正变得越来越流行。正如我们教练过的大量企业团队领导者和团队所证明的那样，共享领导力的结果不言自明。我们相信，越来越多的领导者将接受共享领导力，并将其作为领导和教练团队的更好方式。

洞见

本章简要概述了在过去 100 年里不同的领导思想和方法是如何不断演进的，以及自玛丽·帕克·福莱特开始，共享领导力的概念是如何在近一个世纪中慢慢涌现的。早在 20 世纪 60 年代，关于参与性决策的研究报告就表明，对工作有更多参与权、控制权和责任感的团队成员工作投入度和满意度更高，绩效表现更好。这意味着人们对能够拥有一个允许他们坦诚直言，承担责任的工作环境的需要和渴望已经存在多年了。Y 世代和 Z 世代在这方面的声音更大，呼声更高。高阶领导人发现，只要有正确的领导思想、框架、心态和技能，他们就能创造一种让每个团队成员都能全力以赴，为组织创造价值的企业环境和文化。

> 对工作有更多参与权、控制权和责任感的团队成员工作投入度和满意度更高，绩效表现更好。

在第一部分的前两章中，我们讲了"什么是共享领导力"和"为什么共享领导力是领导和教练的更好方式"。接下来"03 共享领导力的演变过程"为你提供了历史的视角，即在过去的百年里，领导者和研究人员一直在研究如何使员工不仅是积极的团队成员，还是积极的合作伙伴，为团队提供百分百的承诺度和参与度。

对我们而言，我们拥有一块半隐藏在壁橱里的巨大宝石，还没有太多的领导者和组织体验过它的巨大好处。这颗巨大的宝石就是我们的"共享领导力5项行动准则"，它建立在"行动—反思—学习"10项原则基础上，并得到广泛的"行动—反思—学习"工具和流程的支持，使得我们可以将共享领导力带入现实。新冠疫情迫使我们的领导方式以及人们希望被领导的方式都发生了翻天覆地的改变。人们普遍希望拥有更多的控制权，减少被管理的束缚。他们希望自己能被赋予更大的影响力、权力和更强的使命感和主人翁意识。我们认为，是时候将这颗宝石从壁橱里拿出来，将它呈现于世人面前了。时机已经成熟，我们希望这本书可以成为团队和组织持续有效和取得成果的指路明灯。

在第二部分中，我们将向你呈现"如何使用共享领导力的5项行动准则来实现共享领导力"。

第二部分

共享领导力的 5 项行动准则

The 5 Shared Leadership Disciplines

04

共享领导力的行动准则 1：联结

看不见的线是最牢固的纽带。

——弗里德里希·尼采（Friedrich Nietzsche）

德国哲学家、作家

正如这句话所说，在这个世界上，或者在我们工作的组织团队里，我们其实并不孤单。通过彼此深入的联结，我们可以比单打独斗时更多产、更富有成效。

共享领导力5项行动准则

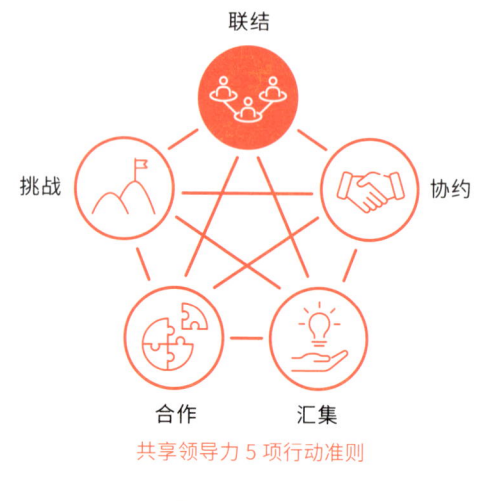

图 4-1 联结

什么是联结

联结并不仅是简单地建立联系,它要求你更深层次地了解你的团队成员。联结的目的是帮助团队成员在个人和专业层面建立互相欣赏、彼此尊重、正向积极的关系。通过这种方式,我们可以营造一个安全的且能够激发人的动能、潜力和创造力的有趣的工作环境。研究发现,持续投入时间建立联结的团队——从不同的维度不断加深彼此之间的了解——在困难时期,不仅能更好地生存,而且还能茁壮成长。我们都听过这样一句话:"当情况变得艰难时,强者会继续前进。"好吧,帮助客户团队成为"强大而坚忍"的团队正是共享领导力团队教练工作的一部分。团队成员之间需要互相了解彼此的兴趣、好恶、家庭、价值观、感情、梦想等任何对团队成员来说重要的、有吸引力的和有意义的事情，而领导者们则需要为团队创造团队成员这样了解彼此的机会。这种好奇、开放、温暖和对彼此个人生活的关心，会加深团队成员彼此之间的信任、理解和安全感，有时还会加深彼此之间的友谊。

> 这种好奇、开放、温暖和对彼此个人生活的关心，会加深团队成员彼此之间的信任、理解和安全感，有时还会加深友谊。

除了个体的联结之外，每个团队成员还须与团队的目的、使命、价值观、战略、计划、规范和关键流程保持联结和协同。团队成员需要了解他们是如何与组织、业务目标和我们的地球生态相联系的。只有当领导者将他的团队成员们在头脑、感受和勇气三个层面相联结时，他们才能够并且愿意为了团队目标的实现群策群力，全力以赴，缺少这一点就会削弱领导者共享领导力的能力。联结即"参与"，这也是我们把它作为第一项行动准则的原因。

为什么联结是一个行动准则

根据我们多年做团队教练的经验，即便是认识很多年的老同事，同事之间的主要联结往往也只局限在与工作相关的信息交换上，或是团队成员的职业发展利益上。虽然这可能是一种自然的模式，但我们认为，缺乏广泛的团队内、外部的联结，可能会导致团队对组织更广泛的战略需求的理解不足，和团队生产力水平的下降。如果团队中所有成员都能积极寻求与其他外部团队、职能部门和利益相关者建立联结的机会，那么团队就能够更全面更充分地了解其他团队、职能部门和利益相关者的知识和优势，这样做的益处显而易见，且很容易实现。目前，当大量员工需要在办公室以外的地方工作时，对于团队来说，采取深思熟虑的步骤来最大限度地提升组织内所有级别和所有职能部门团队成员之间的有意义的联结就变得越来越重要。我们与客户一起开发了很多简单但非常有效的工具和方法来做到这一点。

我们如何促进联结

联结经常是偶发性的。我们每天都会有一些偶然的机会与我们组织团队中的成员进行联结，比如在午餐时间、楼下咖啡店、走廊、等车时恰好遇到某人，或是在微信朋友圈、

QQ 等一些社交媒体上点赞、回复某人的帖子，因一些事情或问题打电话给某人，并以此为契机，过渡到另一个话题，"顺便问一下，你还有几分钟时间吗？"或者"我们明天一起见面喝杯咖啡怎么样？"，然后进行更深入的"交流"和对话。一旦我们意识到联结在人际关系中是多么有价值，我们就可以更有意识地充分利用这些偶然的机会。

> 在我们团队每一次会议开始时，我们都会习惯预留 10 分钟左右来做个人的签到分享。

联结也可以是设计的结果，下面是我们推荐你尝试的四种方法：

1. 签到分享

有意识建立联结的最简单、直接、有效的方法之一，就是建立一个会议"签到"惯例。在我们团队每次开会时，我们都会习惯留出 10 分钟左右进行个人签到分享。团队中的某个人被要求准备一个"签到"问题，这个问题通常是个人性质的，与会议议程无关。这些问题必须是开放式的，而且很容易引出一个小故事。每个人都有一分钟左右的时间思考并找到一个与签到问题相关的个人小故事，然后我们会轮流分享我们的故事。根据会议的可用时间和人数，我们为每个人提供30秒到3分钟的时间进行个人故事分享。这些故事和分享会成为令人难忘的时刻，让团队成员之间能够相互欣赏，建立对彼此的同理心，加深彼此之间的信任和理解，这些故事还可能引发欢笑或泪水，为开启更深入的对话做好准备。每一次的签到分享都可能是再一次发现周围的同事，甚至是发现我们自己的好机会。

以下是我们使用过的一些"签到"问题：

在工作之外，我最近有什么"新进展"？

最近发生的让我特别感动的一件事情是什么？

今天早上，我最大的感受是什么？为什么？

我平时都会做些什么来保持我健康的身体状态？

我最近学到了什么新东西？

我的假期计划是什么？

……

实际上有数百个很棒的签到问题。本书附录二，我们为你提供了30个这样的签到问题供你使用。

邀请团队成员轮流负责准备并主持团队会议中"签到分享"环节及其他会议角色，包括计时员、记录员、教练、会议组织者和会议主持人。好的签到分享可以实现以下目标：

（1）为会议建立一种轻松的氛围；

（2）在会议一开始就倾听每个人的声音；

（3）联结、欣赏到团队成员的不同方面；
（4）在团队成员身上发现一些你还不知道的东西；
（5）为稍后进行更深入的对话做好准备。

2. 延长咖啡休息时间

几年前，我们应新加坡一所商学院的邀请，为一家尼日利亚的IT初创企业董事会成员做一场关于领导力的4小时演讲，这家公司是第一次与他们在新加坡的姐妹公司会面。我们说服了商学院，领导力的研讨会要比讲座的效果更好。该小组由12名穿着正式体面的男性高管组成，其中有10名尼日利亚人和2名瑞士人，研讨会被安排在新加坡一家五星级酒店的董事会会议室进行。但这样的安排并不理想，在英语里，我们通常会把董事会会议室叫作Boardroom，而Board这个词和Boring（意为无聊的）发音非常相似，所以我们经常把董事会会议室称为"让人感到无聊的地方"，而我们更喜欢在能促进参会成员更容易进行非正式对话的环境中开展活动。事实上，这群人正期待着聆听一场4个小时的讲座。因为组织方并没有事先告知他们，他们的"讲座"已经被我们变成"研讨会"了。当我们告诉他们在接下来的4个小时里，他们需要将自身投入一场关于领导力的研讨会时，他们面面相觑，流露出抗拒和惊讶的神情。

研讨会开始，我们首先邀请他们讲一件自己独特的事情和他们想在研讨会上研讨的问题来介绍自己，并给了他们几分钟的时间来做准备。

他们的自我介绍很快就使研讨会变得生动起来了。他们看起来好像是第一次开始真正了解彼此，他们也非常喜欢自己提出的问题。在董事会会议室的U形桌前进行了大约一个小时的自我介绍后，我们觉得大家已经准备好进行更深入的对话了，是时候邀请大家离开会议室了。于是我们告诉他们现在可以休息一下，享受时长为半小时的咖啡聊天时间。团队可以和我们一起在宽敞的走廊里喝杯咖啡，围绕他们刚刚提出的问题进行一系列小组对话，或非正式"工作会议"，以解决一些他们想要解决的问题。最后我们会做一些总结、后续步骤和讲评。他们看着我们，感觉好像我们并不清楚自己正在干什么。于是我们向他们保证，这就是我们的目的，我们站起来，邀请他们进入咖啡走廊。

正如我们预期的那样，他们三三两两，一边享用糕点、水果和咖啡，一边迅速进入深入的对话交流。

30分钟后，我们邀请他们在咖啡区中央的位置围成一圈，分享他们在咖啡时间聊天过程中收获的一些洞见或亮点。当大家围成一圈站在那里的时候，每个人都对能够分享并倾听各自的洞察很感兴趣。其中一个三人小组说，他们刚刚一起讨论了一个在刚才的会议室没有被提出的问题，那就是"我们如何能像其他公司的董事会成员一样，抵制腐败的诱惑？"。当这个新问题被提出后，所有成员都表达了浓厚的兴趣，并参与了进一步的讨论。我们在圈子里待了30分钟，所有成员都感到意犹未尽。当我们重新回到会议室时，会议室里的气氛和团队成员之间的亲密程度都发生了显著的变化，和1个小时前相比他们已经是一个不同的群体了，现在的他们更开放，更坦诚，更渴望一起研讨之前提出的其他问题。

我们从中所获得的经验是"为团队创造自然的方式来相互联结和学习"。永远不要低估在休息时间进行社交学习的力量。"欢乐时光"的本质不是啤酒（虽然这也有些帮助），而是对话。我们的角色就是为人们坦诚沟通、共创与对话创造机会和场域。

3. 边走边说

几年前，我们的一个客户邀请我们为他们的一个六人小团队设计并组织一次场外工作坊。我们了解到，他们中的两名成员已经有一年多的时间没有说过话了。在每一次的团队会议上，他俩都尽可能坐在远离对方的位置上，不看对方一眼，由于两人之间的紧张关系，团队几乎无法正常运作。

工作坊的第一天，我们在午餐后设计了一个"边走边说"的环节。"边走边说"，顾名思义，就是让团队成员两两配对，一起散步聊天，以增加团队中每个人与其他成员之间的个体联结。我们发现，其实很多时候，尽管团队成员经常在一起开会，但无论是在会议期间还是在会议间隙，我们都没有在个人层面与其他人建立过联结。这个活动是让所有的团队成员都参与进来，每两人一组，边走边聊，10分钟后，每组交换聊天伙伴，直到每个人都和自己以外的其他人有过交谈。会议的地点位于一个美丽的海滨，整个活动的时间安排为90分钟，包括最后的总结分享。活动开始，大家每两人一组，一起沿着美丽的海岸线散步，各小组之间大概会保持10米左右的距离，以确保两人小组之间对话的私密性。每隔10分钟，就有一位教练吹响哨子，提醒大家交换聊天伙伴。70分钟后，团队里的每个人已经与除自己以外的其他所有人都进行了私密交谈。

散步结束时，我们邀请大家围成一圈，反馈自己刚刚获得的感受、体验和洞察。我们能感受到大家都好奇团队里那两个互相不说话的人在刚刚的过程中发生了些什么。

令大家惊喜的是，他们开始分享了。其中一人承认自己在刚开始听到这个活动安排时，感到非常焦虑，因为他马上就必须和另外一个人面对面了。然而现在，他们为有这样一个契机解决他们之间的感情障碍感到高兴。在他们10分钟的私密谈话中，其中一个人开口问："你还记得我们当初是为什么就互相不说话了吗？"另一位说："我不记得了，但感觉我们两个人的行为就像两个孩子一样，现在我们需要像两个成年人一样开始行动了。""10分钟的时间根本不够，所以我们决定明天早上一起吃早餐，继续我们之间的对话。"听到这些，所有的团队成员都起立为他们鼓掌。

在团队教练过程中，我们曾经无数次见证过这个简单而有力的工具为团队带来的强大力量和影响，它曾帮助过无数的团队成员开启新的有意义的联结和对话，为团队带来了很多新的可能性。教练们也从与每位团队成员1对1的对话中受益。在此过程中，教练和每位团队成员建立了联结，更多地了解了团队中的每个成员，分享了教练见解，同时也有机会倾听学员反馈，和学员一起探索新出现的问题等。这是一个无价的活动，帮助团队成员在个体层面创造了新的联结。它也常常被我们的客户团队评为工作坊或团队会议中最有价值的活动之一。基于这个工具，我们还创造了名为"咖啡音乐联结时间"的工具，运用类似的概念让人们在音乐声中找到自己的伙伴，然后坐下交谈；每隔一段时间，我们就会播放一段音乐，每个人在听到音乐后就会站起来和现在的交谈伙伴告别，然后和房间里的另一个人见面，站着或坐着，直到音乐再次响起。

4. 故事

我们每个人都是听着故事长大的，我们的父母、叔叔、阿姨、祖父母、朋友、老师都曾给我们讲过故事；我们也从电视、广播中听到过故事；我们还从报纸、杂志、图书上读到故事；《古兰经》《圣经》《道德经》《老子》《庄子》《圣训》[1]《奥义书》[2]《三藏经》等也为我们的学习和生活提供过很多故事；近些年来，社交媒体也为我们提供了很多精彩的故事。为什么会有这么多故事呢？这是有原因的。故事是传递意义、促进学习和交流、让学习和交流变得难忘和有趣的最简单有效的方式之一。无论是作为领导者还是教练，我们都可以利用故事促进团队之间进行更好的沟通和交流。

一个简单的方法是在任何团队会议或团队活动开始时安排出足够的时间，让团队中的每个人向其他成员讲述他们的个人故事。为什么我们要这样做呢？大多数团队成员对其他团队成员的个人生活的了解是很少的，而讲述个人故事给了团队每个人发言和被倾听的机会。我们曾经的一个客户表示，通过讲述个人故事，他与团队成员建立了关系，并了解到很多团队成员的信息，这是他在第一次与团队见面过程中的一大亮点。以下是三种让团队讲故事的方式：

（1）一页幻灯片。"一页幻灯片"是邀请每个人使用图片、图画或数字讲述他或她的个人故事，这里要强调不允许使用文字，因为我们大多数人相比文字更擅长记忆图片，但是我们可以允许大家使用简单的词语为图片进行简单的注释。

---

[1] 《圣训》：穆罕默德的言行记录。——译者注
[2] 《奥义书》：印度教古代吠陀教义的思辨作品。——译者注

大多数团队成员对其他团队成员的个人生活知之甚少。讲述个人故事给了每个人发言和被倾听的机会。

在一个于中国举办的共享领导力团队教练认证项目（TCCP）中，我们邀请每个参与项目的学员和教练提前发送一张幻灯片给我们，其中需包含三张图片，回答以下三个问题：

· 你最自豪的事情是什么？

· 你的独特之处是什么？（哪种特质或经历使你在团队中与众不同？）

· 哪个形容词最能形容你？为什么？

课程一开始，我们邀请每位学员用 2 分钟的时间讲述他们幻灯片里的图片代表的 3 个小故事。我们有 25 个人，用了 50 分钟时间就完成了这项活动，然后我们又用了 10 分钟时间做了简单的总结。毫无例外，这个活动作为团队初期关键的发展步骤，能帮助团队每个人与他人建立初步的联结和信任关系，是非常有效的。

（2）我们的故事。"我们的故事"是团队"回顾历史"的"替代工具"。我们的两位共享领导力团队教练最近正与一个团队工作。在与团队负责人讨论线上团队教练项目活动设计时，他明确表示想通过讲述他对团队过去一年中所发生的一些事情的看法来开始研讨会，并且他还会分享从他的角度，团队中有哪些事件塑造了团队现在的文化和绩效结果。我们的教练建议他说，我们可以和团队一起创建"我们的团队故事"，邀请团队的每个成员讲述过去一年里，从他们的视角发生的塑造了当前团队文化的重要事件及其影响。这样做的结果是惊人的。

活动开始，我们的一位共享领导力团队教练首先向大家介绍了如何在线上使用白板功能，然后在白板中间画了一条水平线，又画了4条垂直线，分别代表4个季度。我们邀请团队中的每个人用3分钟的时间思考并写下过去一年中，从他们的视角对团队产生重大影响的两个重大事件的标题，依照发生的时间，将每一个重大事件放进发生季度的上方。同时，在相应事件的水平线下方用一个词来描述他对该事件的感悟和洞察。每个人都有专属于自己的彩笔颜色。共享领导力团队教练依照事件发生的时间顺序，依次邀请每个团队成员在4分钟内简要讲述他们眼中的团队故事和对团队的洞察。在听完所有的故事和洞察后，我们邀请团队一起展开对话，共同探寻团队故事背后所包含的更深层次的价值和意义。随后，我们邀请团队一起花10分钟的时间共同思考和讨论3个问题：

- 他们需要继续做什么。
- 他们需要开始做什么或做更多。

・他们需要停止做什么或做更少。

最后，我们让团队集体共创了一张我们的团队故事海报以展示他们共同努力的成果。两名团队成员自愿在会后进一步编辑，汇总团队关于上面3个问题的讨论建议，以便在下次团队会议上进行决策。

团队负责人对此次工作坊的产出结果感到惊讶，同时也备受鼓舞。是的，他可以分享他眼中的对团队文化与绩效产出影响至深的关键事件。然而，和其他团队成员一样，他意识到他不可能知道对每个团队成员来说那些产生"重大影响"的关键事件是什么，除非他们自己讲出来。

事实上，在对话分享环节，一些团队成员提到这是一种简单、快速、安全又高效的在团队中进行集体反思和反馈的方式。共同讲述团队故事的活动对创建持续学习的团队文化也大有益处。在这个活动结束时，每个人都与团队中的其他成员、与团队有了更深的黏结度。即使是新成员也觉得自己已经融入团队，是团队发展过程中的一分子了。

（3）令人难忘的时刻或"每日要闻"。吃饭的时间可是绝佳机会——一边与家人享受美食，一边和他们产生更多的联结。然而，我们经常听到的故事却是，吃饭时间不是与家人联结的机会，而是与智能手机和社交媒体上的朋友进行联结的机会。如果你的家人也是这种情况，下面两种活动是我们在吃饭时经常采取的方式，它能让我们和家人的吃饭时间变成一天中令人难忘的时刻，这真的很简单。

a. 难忘的瞬间——我们邀请大家花 1—2 分钟的时间来回顾这一天，找出两三个难忘的瞬间，轮流分享并说明原因。有时，不同的人会分享相同的瞬间，但却是出于不同的原因，这种分享会丰富其他人的体验。一天中，我们总会因为这样或那样的原因经历一些特别的时刻。问一个吸引人的问题，我们就能得到一个吸引人的答案。而现实生活中，我们却习惯问一些能"把天聊死"的问题。例如："你今天在学校怎么样啊"或者"你今天过得好吗""哦，挺好就好"。我们完全可以换一个问题，邀请每个人轮流分享一个今天的难忘瞬间，这些一定会成为你和家人、朋友、同事在一起的美好回忆与难忘瞬间。

b. 每日要闻——邀请每个人分享他们一天的收获，包括他们当天遇到的问题和收获的新的学习或洞察。这些分享可以让任何一顿晚餐立刻变得生动起来。几年前，我们的一位团队教练和他的妻子还有家人在阿根廷庆祝新年，他的母亲玛丽当时虽被诊断为癌症晚期，但还是决定和他们一起去阿根廷，她的条件是允许她不参加每日的家庭晚餐。因为在阿根廷，大多数人的晚餐用餐时间是晚上 10 点，而玛丽习惯于在下午 5 点左右吃饭，然后就上床睡觉。之后，这个家庭的所有成员决定，他们每天晚上 8 点左右聚在一起，在晚餐前先喝上一杯，交换一下他们的"每日要闻"并分享他们打算在晚餐时提出的一个能催生晚餐好故事的问题。这样玛丽至少可以知道他们在晚餐的时候会说些什么作为晚餐的娱乐节目。晚上8点，所有人都来喝酒了，包括玛丽。所有人都分享了他们的问题，这些问题非常有趣，以至于玛丽当场决定她要加入他们晚上10点的饭局。在酒店餐厅就餐的2个小时里，餐厅里坐满了人。餐桌上的每一个人都在交换着问题和故事。在新年大餐上，他们用5个问题讲述了25个故事，疼痛和睡眠都消失了，而这也成为玛丽人生中的最后一顿新年晚餐。

在团队教练过程中，我们也经常使用这两项活动为团队创造更多联结的机会，加深团队成员之间的凝聚力。

现在你已经了解一些在工作中和在家庭中增进个人联结的方法。当然还有更多。我们鼓励你去做一些尝试，看看会发生什么。

洞见

以下是我们关于"联结"的一些洞察。

有效联结：

· 开启并维系团队成员之间信任关系的有效过程。

· 建立纽带，帮助团队在困难时期团结在一起。

· 加深与同事之间的联结，对以线上为主的工作环境更加重要。

·加深对跨职能部门同事所面临挑战的认识。

·为工作带来乐趣。我们和同事在一起的时间可能比和家人在一起的时间还要多,尽量享受与同事共事的时光,联结会有帮助。

·非常具有吸引力,通过线上和面对面的方式都可以。

·可以是偶然发生的,也可以是"设计好的"。

·是我们 5 项共享领导力行动准则的基础。

现在让我们转向协约的行动准则。

05

共享领导力的行动准则 2：协约

> 不要假设，鼓起勇气提出问题，表达你真正想表达的东西。与他人尽可能清晰地沟通，以避免发生误解、悲伤和戏剧性事件。
>
> ——唐·米格·瑞兹（Don Miguel Ruiz）墨西哥作家

这句话是本章的核心：如果你想要什么，就把它说出来。我们常常陷入自己的假设或我们自认为别人对我们的期望中，我们需要做的就是问问自己："你想要什么？"或者说："这就是我想要的。"

联结

挑战

协约

合作 汇集

共享领导力 5 项行动准则

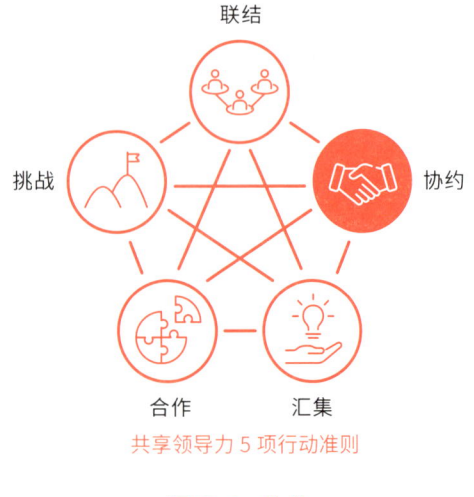

图 5-1　协约

与前一章一样，我们先从"协约"的定义开始，接下来我们会和大家探讨为什么协约很重要，以及为什么它经常被忽视；然后我们会简要描述协约是如何在六个不同的维度上发生的，重点讲团队维度；接着，我们将分享三个小故事来说明我们在协约过程中使用的一些工具；最后，我们就下一步和大家分享一些建议和洞察。

什么是协约

协约是指大家就工作任务和工作关系的期望达成共识和承诺。为了达到最佳结果，协约需要在六个维度上进行：个人、专业、团队、组织、业务与可持续发展（环境/社会）。高绩效团队会明确自己在每个维度的期望，并形成明确的、书面的承诺，从而让团队成员间形成更深的信任关系，使团队产生更佳的盈利能力、更好的业绩，同时背负更少的压力，却有更多的乐趣。

> 协约是就彼此对工作任务和工作关系的期望达成共识和承诺。

协约是一种持续的行动，涉及定义、共识、设计、分配、优化相关绩效任务和支持活动。协约的过程就是互相承诺，互为担当，彼此依赖与信赖的过程。

从个人维度上讲，协约与团队成员的个人需求有关——包括家庭时间、锻炼、阅读、写日记、写作、休息娱乐和其他兴趣。这样做是确保团队成员有空间来满足他们的个人需求和责任，对于团队来说，尤其对于那些需要一起远程工作的团队成员和老板来说，就他们在个人层面的期望和规范达成一致是尤为关键的。因为在这样的团队工作，工作时间和个人时间之间的界限经常是模糊不清的。

从专业维度上讲，每个团队成员和其团队领导都必须明确他们关于绩效表现、期待的行为、反馈、学习和职业发展的共同期望。许多公司的绩效评估流程不完善，常常让被评为低绩效的员工感到失望、悲伤、愤怒和感觉受到了不公平的对待。我们认为，绩效评估应该是一个持续的过程，而不是每12个月进行一次的让人讨厌的单一事件。它还应该包括在前期与员工进行充分的讨论，并与员工就如何评估绩效水平达成共识；此外，一年中还要定期与员工进行绩效辅导谈话和反馈，校准绩效目标与评估标准。我们看到在很多公司、很多时候，经理的绩效谈话带来的不是更好的绩效表现，反而是更低的绩效结果、破坏或离职。但实际上，大多数负面结果是可以通过进行清晰的绩效协约谈话来改变的。

从组织维度上讲，核心领导团队需要在组织层面、各职能部门内部与跨职能部门之间定义并协调文化、价值观、架构、政策、资源和关键流程，同时与不同利益相关人达成共识。例如，市场营销部和销售部经常有重叠的领域，这可能导致双方的资源浪费或是"不作为"。在有些公司，领导者们可能还需要与区域或全球领导团队达成协约。每个团队都必须意识到组织内、外部有很多关键利益相关人，他们的利益、建议和要求需要被考虑在内，甚至有些组织可能还需要将利益相关人拓展到企业客户、供应商以及政府。

从业务维度上讲，每个团队都必须保持敏锐，确保团队努力的方向与组织的愿景和战略始终保持一致。这将确保团队任务和目标的达成有效地为组织目标的实现做出贡献。如在组织维度中所述，客户、供应商以及政府等相关方的建议和要求需考虑在内。

在可持续性发展维度，有三个关键问题需要牢记：

（1）我们如何将我们的商业行为从符合规范转向创造性合作，以持续保护和改善我们的地球环境？

（2）我们如何支持、挑战和保护我们的员工、客户、供应商，以及我们的工厂、办公室和员工所在的社区环境？

（3）我们如何能够在其他五个维度持续不断保持学习和成长？

以上六个维度构成了五+系统模型，五+系统模型是从业务、组织、团队、专业能力、个人和可持续发展六个方面对企业当前的现状与需求做出系统性与动态诊断与评估的模型，我们将在"12解决VUCA时代的困境"介绍该模型的其他应用。通过考虑这六个维度，我们与客户或团队的协约将更加全面和完整。

在团队维度中，每个团队都可以使用以下三种协约工具：

（1）制定团队规范：该活动要求每个团队成员都参与定义、命名并承诺遵守团队的行为规范和参与守则。这个过程通常需要90—120分钟，团队还可以借此工具定义团队的文化。如果这是一个公司或企业的高管团队，这也将对公司组织文化产生巨大的影响。

（2）团队与团队领导者的协约：此活动的重点是明确领导者对团队的期望和要求，以及准备为团队提供什么样的支持。同时，领导者也会倾听团队对他的期望和要求，以及团队准备为团队领导者提供什么样的支持，以使整个团队取得成功。

（3）角色协约：团队成员的角色不清晰被认为是团队效率低下的重要原因之一。这个活动将允许所有团队成员彼此澄清并根据以下四点进行清晰的说明：

- 他们认为自己最重要的 3—5 个职责。
- 他们认为自己未来 6 个月的 3—5 个优先事项。
- 他们认为履行职责，做出贡献的关键行动。
- 他们认为需要从团队伙伴那里获得的帮助与支持。

在获得团队伙伴的反馈后，达成深度共识。

协约为什么如此重要

有人说，当生活中出现问题时，25% 的原因与健康有关，而另外 75% 的原因是没能与他人达成很好的协约。我们在团队教练过程中也发现了这一点，根据我们的经验，很少有团队会主动应用这三个团队协约工具。因此，团队往往会陷入沮丧、感觉糟糕、浪费时间、失去信任、表现不佳的状态，在某些情况下还会导致不必要的离职和团队破坏。上述每一个活动所花费的时间都不超过60—90分钟，是非常值得每一个团队投资的。

为什么我们在订立协约方面如此不尽如人意

我们中的许多人都是专业的"拖延症患者"。多年来，我们经常遇到的关于不愿意或拖延进行"协约"的原因或借口如下：

别自找麻烦。它的潜在假设是，提高对彼此的期望后，我们可能达不到，所以还不如就保持现在的工作方式继续下去。再者，如果我们与系统中的一些人"签订一些特殊协约"，而没有与另外一些人"签订协约"，系统中的一些人可能会感觉受到伤害。我们不想引发别人的不愉快，就让事情顺其自然地发展下去吧。

我们需要更多的数据。它的假设是，我们需要更多的研究或数据，才能让我们做出更好的协约与决定。

我们缺少一位关键人物。等我们这个部门的负责人上任，或等"重组"的消息被宣布后，我们再来和团队进行协约对话。

我们需要更多的时间。我们遇到过许多团队的领导者，他们总是觉得需要再等1到2个月，时机才会刚刚好。有些领导者甚至想等到他们担任新角色几个月后再开始考虑与团队进行协约对话。

我们都很专业。我们都很专业，我们不需要这么做。

我们给到客户的建议是每个团队都需要创建团队协约，通常是越快越好。除了少数个例外，团队等待的时间越长，团队和系统的不确定性和压力就越大。所谓"防微杜渐"，现在的一小步，会影响到将来的一大步。

我们如何协助团队订立协约

这里我们用三个故事来说明我们是如何帮助团队完成协约订立过程的。

故事1：团队领导者协约

几年前，我们受邀帮助一个企业领导团队在几个方面达成共识。该团队已经成立一年多了，但他们之间从来没有就团队的使命、愿景和战略达成过任何明确的共识。此外，他们也不清楚团队领导者凯茜对他们每个人的期望，不清楚他们可以从凯茜那里得到什么样的支持。他们迫切需要一次团队协约会议。

为了准备这次会议，我们运用"线上问卷调研"的工具邀请每位团队成员事先提交了一份他们希望在会议期间得到解决的问题。同时，调研中还有一个问题是他们认为凯茜应该：

（1）继续做什么；

（2）考虑开始或多做什么；

（3）考虑少做甚至不做什么来领导团队成为更高绩效团队。

答案是匿名的，但不是保密的。调研总结报告在研讨会前一天发给了整个团队，为期两天的研讨会在伦敦郊外一个树木繁茂的美丽城堡里举行。

问卷反馈结果非常一致："凯茜不倾听我们的想法""凯茜似乎一点也不在乎我们做什么""我们不知道凯茜是怎么想的""我们的管理会议基本上就是在浪费大家的时间""我们没有从凯茜那里了解到任何战略方向""我们很难找到凯茜，也不知道她在干什么"……

研讨会开始前一小时，我们与凯茜会面，与她分享了调研报告结果，并询问她对调研中收到的反馈有何感受。

凯茜崩溃了，她眼含泪水，对我们的教练说："我需要你们的帮助。团队一个小时之后就要来了！我该对团队说些什么呢？！"我们说："凯茜，这是你就他们愿意给予你真诚的反馈表达认可与感谢的机会。你可以坦诚地告诉他们当你看到他们给你的反馈时你的感受，包括有些反馈让你感到困惑，很受打击，难以理解，你可以开诚布公地和他们聊一聊此时此刻你的任何真实的想法和感受。也许你可以用接下来的30

分钟整理一下你的思绪和想法。当你的团队到达现场时，我们会在现场招呼他们，这样你就可以集中精力准备下午 5 点的开场白了。"于是，凯茜离开房间去准备她的"开场白"了。

下午 5 点，所有人都到了。从他们脸上的表情我们可以看出他们很关心凯茜。当凯茜在下午 5 点准时出现时，我们都已经聚集在这座历史悠久的城堡里的美丽的会议室里了。

凯茜一手拿着酒杯，一手拿着纸巾，强颜欢笑道："各位，这是我职业生涯中最困难的时刻之一。首先，我想感谢你们为我提供的真诚反馈。坦率地说，阅读这些反馈对我来说真的很不轻松。这不是我想让你们看到的或记住的我的样子。虽然我可能并不同意你们在反馈中提到的关于我的某些具体的部分，但我想让你们知道的是，在你们的帮助下，当我们在两天后离开这间会议室的时候，我们会做出一些真正的改变。我想从现在开始，我正在准备成为一名值得你们信任和尊重的领导者。我想让大家和我一起举杯，为这次研讨会以及我们将共同做出的改变干杯。"看着所有人举起酒杯，大家都松了一口气，并对凯茜产生了新的看法。每个人都知道这是勇敢的一步。他们准备在接下来的两天里加入她的行列，让这两天过得有意义。

凯茜的"祝酒词"为后面两天难忘的研讨会奠定了非常好的基础。这两天会议的其中一个主要议程就是协助凯茜和她的团队建立我们之前已描述过的"团队与领导者的协约"。

前一天的调研反馈总结以及凯茜的"祝酒词"为凯茜和她的团队做好了准备,很快团队就对未来该如何一起改变、更好地一起工作达成了共识,比我们最初预期的要容易得多。这次会议让凯茜和她的团队得到了真正的赋能和改变。事实上,这次会议的成功促使她的团队成员承诺要和他们自己的直接下属也进行类似的会议,他们意识到这将使他们能够真正赋能他们的下属团队,进一步与自己的团队共享自己的领导力。

第二天,团队会议结束后,在晚宴开始时,凯茜站起来说:"各位,你们大家还记得我两天前在欢迎宴会上的祝酒词吗?"每个人都微笑着点头表示肯定。"嗯,在过去的48小时里,我们一起经历了许多美好的令人难忘的时刻,我想要为所有这些时刻干杯。我也想向你们每个人敬酒,但今天我会选择只先向一个人敬酒,然后由他选择向我们团队中的另一位成员敬酒,说出并表彰这位成员在会议中做出的贡献,直到最后一名团队成员……当然,最后一个幸运的人我希望你可以向我敬酒。"

于是,团队敬酒活动开始了。晚餐结束时,一位团队成员举起酒杯说:"各位,我们在过去48小时内所取得的成就真的很了不起。我们不能再回到过去的样子了。让我们共同为我们的未来干杯,也为凯茜干杯……谢谢你!"

他们确实没有再回到过去的样子了。接下来的时间里,他们持续学习，共同成长。只要让组织团队签订简单明确的团队协约，整个组织团队就都能从中受益。永远不要低估在组织团队中保持透明度和寻求"帮助"的力量。

故事 2：团队成员签约

这个故事发生在马尼拉市以南的大雅台一个风景如画的酒店，距离马尼拉两小时车程，坐落在一个半休眠的火山顶上，从酒店可以俯瞰一个美丽的湖泊，湖泊中间有一个小的活火山岛。

我们受邀帮助客户的领导团队解决他们正在面临的业务、组织和团队问题。那时候我们还不知道，美丽的环境将很快点燃并释放在团队内部积压已久的紧张情绪。我们从总经理那里了解到，在此之前，团队的销售总监和市场总监已经有两个多星期没有说过话了。为此，整个团队都十分压抑，不能发挥出他们的最佳状态。也因此我们有了又一次的团队协约的机会。

> 只要确保整个组织签订明确的协约，整个组织都能从中受益。永远不要低估保持透明度和寻求"帮助"的力量。

在总经理的开场白和团队的图片故事分享之后，我们计划了30分钟的休息时间，这个时间比我们平时的计划稍长一些。然而，我们是有目的的。我们希望利用这段时间与两个相处困难的人一起交流一下。我们询问他们是否愿意在重新建立关系和协约方面获得一些帮助，他们都表示"可以"。午饭后，我们的教练和他们两人在一个包间里见了面，我们让他们每个人都准备两份清单：一份是他们想要与对方分享的支持，一份是他们想要与对方分享的要求。当我们重新聚在一起时，双方都已经准备好了各自的清单。

在30分钟的时间里，他们面对面分享了他们对彼此的支持和要求，并同意了对方向自己提出的几乎所有的要求。我们的工作其实非常简单，我们为他们两个人提供了一个有用的工具和流程，并为他们创造一个安全的对话空间。最后，我们交给他们一个简单的模板，并告知他们需要签订一份简单的书面协约，以便于双方可以定期就签订的书面协约进行简单的回顾和总结谈话。他们拿着我们提供的模板，在第二天早上就完成了他们的协约初稿，并利用早餐时间完成了两人之间的第一次谈话。他们对协约进行了一些小的改动，让协约可以更有效地落地执行。之后他们都松了一口气，并为他们所取得的进展感到高兴。团队也松了一口气。

两个月后，我们询问了他们的进展情况。他们都表示对自那次协约会议以来所取得的进展感到非常高兴。

故事3：组织协约

我们有一个客户是菲律宾最大的医疗保健集团。在最近一次由控股公司的核心领导团队和19家医院院长参加的公司高层研讨会议上，我们帮助整个团队在五个方面签订了领导团队协约，分别是目标、愿景、职责、领导行为，以及在控股公司核心领导团队和19家医院院长两个关键领导团队彼此之间的协约。

这是这两个关键领导团队一起召开的第一次正式会议。他们需要一起共创、调动、协同组织团队力量，使得这19家医院以及未来更多将被收购的医院能够和控股公司一起合作、学习、共享领导力，提升整个集团的员工参与度、效率、效能、盈利能力和趣味性。他们的最终目标是为他们的内外部客户，包括员工、病患以及每个员工和病患背后的所有的家庭和他们的供应商和股东提供更好的服务。

在会议中，整个领导集体开始意识到他们肩上所担负的巨大社会责任与使命，以及他们共同拥有的可能带来巨大社会影响和改变的力量，他们开始不断打磨、完善，并承诺他们需要依照商定的领导行为来履行领导职责，并要将他们所肩负的使命、愿景、实际责任还有领导行为传递到每家医院的每个人。他们花了两天的时间，在大大小小的小组中一起工作，确保他们每个人的声音都可以被听到，每个人都能够感觉自己与在场的其他人有联结，每个人都相信他或她是整体团队不可分割的一部分，并能够、也愿意有所作为。

两天中的高潮部分就是团队协约活动，过程中明确了控股公司领导团队（首席执行官及其直接下属）与19位医院院长之间彼此的承诺（要求和支持）。这个活动也明确了每个团队对其他团队的具体期望与承诺，并将这些承诺转化为可落地的行为指标。团队同意每6个月会一起重新回顾这些行为指标，评估承诺的达成情况，并提出具体的反馈建议，以便团队能够持续不断进行调整、迭代和学习。这些承诺构成了引领组织变革的引擎。持续遵循这些团队承诺将在很大程度上帮助团队实现他们的愿景目标并落地他们肩负的实际责任。而这台"变革引擎"所需要的"燃料"就是大家从彼此那里得到的承诺与支持。每个人都将发挥关键作用，包括将本次会议的成果传递给每家医院。在首席执行官、首席人力资源官、董事会和医院院长的全力支持下，他们应该会成功。这就是实际的行动转化。

洞见

以下是有关"协约"的关键洞见。

有效协约：

· 把希望、挫折、压力和假设变成协约。
· 省却了思考别人想要什么和需要什么的时间。

- 使得任何人都能寻求帮助并得到帮助。
- 创造安全的工作环境。
- 赋能所有相关方都专注于做最重要的事情。
- 当承诺被履行时，会增强团队成员之间的信任关系。
- 减少内部冲突。
- 加快了执行速度。
- 使生活更加愉快和有趣。
- 简单有效的反馈工具。
- 产生持续的变革力量。

06

共享领导力的行动准则 3：汇集

> 如果你想造一艘船，不要鼓动人们去捡木头，也不要给他们分配任务和工作，而是要教他们向往无边无际的大海。
> ——安东尼·德·圣–埃克苏佩里（Antoine de Saint-Exupery）
> 法国作家

正如这句话所暗示的那样，汇集的真正目的是包容和激发。当然，你还是需要去捡木头。没有木头，造艘船就只是个好主意。

共享领导力 5 项行动准则

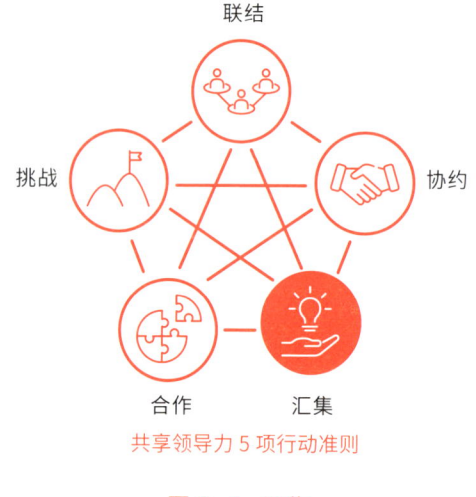

图 6-1　汇集

什么是汇集

汇集是积极地从每一个有利害关系的人那里寻求事实、思想、情绪感受、能量以及集体智慧。我们需要听到他们的声音。

这项行动准则基于一个关键的假设，即无论是领导者或任何其他人，没有人知道所有问题的答案。"汇集"的行动准则要求领导者积极主动地邀请团队成员参与对话，让团队更睿智、更认同、更坚决地践行最终决策。

> *汇集是积极地从每一个有利害关系的人那里寻求事实、思想、感情和能量以及集体智慧。*

"汇集"让所有团队成员走出领导者和其自身现有的思维框架和局限性，学习共同创造新的见解和想法，甚至是新的目的地。汇集意味着好奇和完整。

为什么汇集很重要

汇集带来合作，而合作又会带来更高的绩效，并最终提升团队黏结性与满意度。我们每个人的内心都渴望能够做出贡献，创造价值，有所作为。员工敬业度研究表明，那些做出更多贡献的人往往具有更强的承诺度和主人翁意识。下面的三个故事讲述了我们是如何帮助企业领导者汇集更多更好的想法，从而提高团队敬业度和团队绩效的。

如何有效地汇集

汇集是团队学习的好方法。团队教练无论是在与个人还是在与团队一起工作时都必须有简单又强大的工具来汇集成员的想法和感受。下面的故事描述了我们的共享领导力团队教练是如何做到这一点的。

故事1：韦兹莱的创意

在法国中北部靠近勃艮第的一座小山上，有一个风景如画的中世纪小镇，名为韦兹莱。它被联合国教科文组织列为世界遗产，其中心是一座十一世纪的罗马式大教堂。在山脚下矗立着埃斯佩兰斯，一家米其林三星级餐厅酒店。

LIM受邀为一家总部位于美国的大型跨国公司的全球巧克力事业部设计并交付一项全球领导力发展项目。来自世界各地的24位公司高管被挑选出来参加这个项目，他们将在8个月的时间里，在4个不同的地方进行4个模块的面对面的学习，每个模块历时一周。埃斯佩兰斯的会议是模块2的设置。该项目要求24位高管在项目期间作为一个项目团队一起工作。他们被分编成4个混合小组，每个小组6人，每个小组配有一名共享领导力团队教练，负责解决由公司最高领导团队提出的一项核心业务挑战。每项核心业务挑战都满足以下几个标准：

（1）它是公司当前正在面临的关键问题；

（2）团队需要花时间，通过新的调查研究和学习来解决这一关键问题；

（3）该问题的解决能为公司带来巨大的营收利润或能为公司极大地削减开支；

（4）它能为每位团队成员提供了解自己、同事、组织运营、企业内外部客户、外部环境、共享领导力和团队合作的机会。

四位共享领导力团队教练担任了该项目的教练导师，每个教练负责其中一个项目小组。一天，其中一位教练在分组会议上邀请他的团队一起头脑风暴该如何解决团队正在面临的关键挑战，并向所有小组成员收集有关的想法。

这时候，团队中一个很内向的人提出了一个建议，他说："教练，在我们大家一起进行头脑风暴之前，我们是否可以邀请每个人花10分钟的时间在白板上先写下自己的想法，然后大家可以四处走动，看看我们每个人都写了什么？"教练认为这个想法很好，就建议大家尝试一下。10分钟后，6名参与者从一个白板走到另一个白板，听每个白板的作者说明他的想法。当他们完成了彼此的交流之后，教练给他们每人3分钟的时间在他们的白板上将他们在听完每个人的简报后得到的启发、想到的新想法再添加上去。此时他们意识到，他们在10分钟内集体共创了100多个想法——比他们在正常的头脑风暴会议中创造的想法要多很多倍。他们对结果感到非常惊讶！教练观察了刚刚发生的事情，并对提出这个建议的参与者说："感谢你，你刚刚的创意帮助我们创造了一个新的团队教练工具。"共享领导力团队教练们在后来完善了这一过程，并将这一过程命名为SRWR：

Stop——停下；

Reflect——反思；

Write down——写下来；

Report out——讲出来。

今天，我们使用 SRWR 这一工具来确保每个参与者都有同等的发言时间。这让内向的人有时间充分思考他们需要表达什么，他们可以用舒服的方式把他们的想法说出来；SRWR 也为外向的人提供了时间来编辑和厘清他们所有自由流动的想法。其真正的魅力发生在大家书写的过程中。当内向的人和外向的人开始书写时，一个想法会很自然地延伸到下一个想法，时间的效力倍增。在上面的场景中，因为 6 个参与者在同时思考，10 分钟的时间实际上获得了 60 分钟的洞察力。通过这种方式，团队得以真正花时间进行深度思考，由此任何团队都可以产生更多、往往也是更好的想法。因为每个人都有平等的机会参与，所以结果也是由团队的每个成员共同分享和创造的。人们的责任感、参与感和主人翁意识都有所增强。团队对所达成的结果也会感到更加开心。在线上会议中，我们可以通过聊天框功能使用 SRWR 工具；而在线下会议中，我们可以借助便利贴或白板使用 SRWR 工具。SRWR 工具已经成为共享领导力团队教练最常用的众多简单而有效的工具中的一个，我们经常使用这一工具帮助团队汇集智慧，拓展洞见。

有时候，我们也会受到某些高层领导者的挑战，他们说："嘿，时间就是金钱，为什么要停下来？我们就不能直奔主题，马上开始说吗？"我们的回答总是很简单："那你认为思考重要吗？你认为我们是否需要花时间来思考呢？"

我们得到的答案总是肯定的。而且一旦他们发现了 SRWR 的力量，就没有回头路了。思考是一项非常重要的工作。而汇集每个人的想法、感受和精力对于提升团队的参与度、承诺度与绩效水平又是非常必要的。

> *如果你想要参与、承诺和提高业绩，汇集每个人的想法、感受和精力是必要的。*

再说一个小插曲，我们在全球范围内交付共享领导力发展项目也让我们意识到收集不同文化范式信息的重要性。举个小例子，当我们要求一家法国餐厅在一个小时内完成项目学员午餐服务时，当地的工作人员被我们的要求吓坏了；而当我们在西班牙教练一支来自荷兰的领导团队时，我们需要谨慎地与西班牙当地餐厅商定晚餐时间，因为西班牙人通常是在晚上 9 点以后吃晚饭，而我们来自荷兰的领导团队告诉我们，他们必须在晚上 6 点半之前吃上晚饭，否则他们就会晕倒。最终，我们通过谈判达成了一项协议，西班牙餐厅最终同意将在晚上 7 点半为这个荷兰团队提供晚餐，但条件是必须向他们的厨房员工支付加班费，因为他们需要改变他们的工作时间，额外加班才能满足这一需求！在这些全球会议中，我们探索和改变了许多既定的范式。

故事 2：瑞士案例

几年前，我们有幸受邀与一家总部位于苏黎世郊外的公司合作。该公司的董事总经理向我们介绍道，他所领导的一支团队有非常多的需求，之后他详细地对我们进行了说明。我们随即向他表示了感谢，同时向他说明，除了他的想法之外，我们还需要了解团队其他成员的想法。我们询问他是否可以和他的每个团队成员进行一个小时的对话，听听他们关于团队正在面临的挑战和需求的想法。"好主意。为什么不呢！"他回答说。

我们采用了两种策略收集整个团队的想法：

（1）采用一对一的对话，了解他们，以及他们关注的焦点、他们的顾虑和建议。我们没有采用一对一访谈的形式，因为我们发现，"访谈"这个词往往会给客户一种非常正式的印象，会阻碍我们获得联结和坦诚。

（2）我们利用团队提出的问题构建了整个团队的调查问卷。在过去，我们经常会使用现成的团队调查问卷，但经过多年的实践，我们发现，团队通常确切地知道他们正在面临和想要解决的问题。因此，我们邀请每个团队成员提交一个他们认为在接下来的两天的研讨会中需要被提出并得到大家关注或解决的关键问题。我们随即收到了一份非常具有启发性的问题清单，上面列出了这个团队正在面临的所有的"热门"问题。作为他们的教练，我们对他们的问题进行了少量的编辑、组织，并添加了一些我们认为非常重要的可能被团队遗漏的问题，然后把所有问题再放回到线上调查问卷里，又交还给团队。

我们要求团队在研讨会前一周完成这项团队问卷调查，并向团队承诺所有的答案都将被匿名分享。团队所有人都很快回复了我们，我们将所有团队成员回复的答案汇总在一起制作成问卷结果报告，并在正式的研讨会前将报告发给了每个人，这样他们就可以在会前的几天阅读并反思调查结果报告。

这项问卷调查带来了两个重要的结果。它让我们对团队内部的情况有了一个更好的了解，同时也让团队成员了解了他们同事的想法和感受。实际上，团队的研讨会在正式召开前就已经开始了，团队中的每个人已经阅读了团队调查结果报告，他们为自己的想法，包括他们提出的问题和答案将影响整个研讨会而感到自豪，并已经为和其他同事一起解决团队的关键问题做好了准备。

我们在卢塞恩湖畔的一家酒店的会议室度过了紧张又投入的两天。在研讨会期间，作为计划的一部分，我们邀请团队用一个小时进行了被我们命名为反思和对话（R&D）的环节。通过这一环节，团队一起从调查结果报告中汲取团队共同的价值和意义。反思与对话是一个为团队创造专注于倾听、分享和对话交流的时间与空间的工具。在此期间，所有人都会暂停评判，每个人都能完整表达自己的想法，并在他人想法的基础上激发更多更好的想法。这不是一场辩论，也不是要比谁的想法更好，而是汇集所有人的想法。在这个过程中，大家不是要告诉彼此什么是对的，什么是错的，什么是最好的，而是互相交流学习，互相启发。对话结束时，团队将能够更好地理解彼此的想法和感受。通过倾听所有人的问题并进行交流，对团队成功至关重要的问题自然浮现而出。

这一过程体现了 ARL 原则中的三项核心原则：

第一项原则是相关性——因为所有的问题和答案都是他们自己提出的；

第二项原则是隐性知识——正是从团队中浮现的问题、答案和意义为新的解决方案奠定了基础；

第三项原则是社交学习——通过与我们的对话和他们之间的对话，他们能够从中形成一些共同的核心洞察，解决他们初始提出的关键问题。

关于ARL原则的更多内容将在"09行动准则背后的科学"中讨论。

作为团队教练，我们只是在正确的时间为团队提供正确的方法、工具、流程和问题。在研讨会结束时，他们已经在建立团队规范、团队与团队领导者的协约、业务战略、跨职能部门合作等方面做出了许多相关决策。通过团队调查问卷和反思与对话浮现出来的团队想法也成为团队当前与未来进行对话的话题来源。

> 作为团队教练，我们只是在正确的时间为团队提供正确的方法、工具、流程和问题。

故事3：画廊漫步

这个故事始于泰国中部海滨小镇华欣，这是一个风景如画的海边村庄，位于曼谷以西，距离曼谷两小时车程。几年前，我们的一位共享领导力团队教练受邀与一家快速发展的创业公司的高级领导团队共创一个项目——"该如何在曼谷创建一个集酒店、餐厅、办公大楼、购物广场和公园为一体的大型社区？"在研讨会结束时，领导团队决定下一步应该将整个组织团队聚集在一起，这样他们就可以把在华欣学到的概念和工具传递到公司的每一个职能团队。此外，他们希望所有的职能团队能够打破职能边界，建立联结，树立更强大的目的和使命，即不仅仅是为了公司做一个项目，而是要为整个曼谷地区留下一个值得传承的伟大项目。公司的战略就是要汇集公司所有团队成员的集体创造力，共同定义一个值得传承的，其影响将持续数年的伟大项目。

四个月后，公司的董事总经理、公司六位职能部门负责人和公司所有地区的组织发展部负责人在曼谷一家高级酒店里，与公司所有在曼谷的一百多名员工举行了为期两天的研讨会。会议规模非常庞大，我们七位共享领导力团队教练与该公司的董事总经理及其领导团队一起工作，完成了非常有雄心的会议议程。我们决定，通过这次会议，我们将：

（1）在六个职能部门内部建立更强的团队合作的意识；

（2）向团队介绍并练习共享领导力的行为；

（3）共同定义并创建我们值得传承的项目；

（4）培养团队的自豪感、凝聚力、主人翁意识和责任担当。

我们的共享领导力团队教练来自新加坡、越南、菲律宾、中国、泰国、马来西亚和美国，为共享领导力与团队合作提供了真正的跨文化的模式。

第一天上午，我们把时间专门留给了六个职能团队，与他们进行深层次的交流与对话。他们被分散到宴会厅的周围，舒适地围成一圈，在共享领导力团队教练的支持下，他们和他们的团队领导者一起商定了团队规范，并签订了团队与团队领导者的协约。上午的会面为后面的跨部门的合作与交流奠定了基础。

下午的流程的主要目的是最大限度地丰富彼此的经验和想法。我们运用改进后的开放空间流程，邀请团队成员自发组成跨职能小组，一起创建该项目的梦想和计划。董事总经理的开场白奠定了这个项目的基调："传承就是让我们每个人过上我们想要的生活。无论我们是否知道，我们每天都在创造传承。而我们将要创造的令人瞩目的传承项目就是要面向所有年龄层次，为了我们所有人，成为推动我们这个时代个人和社会变革的强大的催化力量。而这意味着我们需要从过去中学习，立足当下，放眼未来。通过有意识的合作，增强我们的影响力，并获得更多的乐趣。我们今天的任务就是一起做梦，而明天早上，我们将一起计划，把我们的'传承梦想'变成'传承项目'。在未来的几周里，我们将开始把这些计划付诸实践。现在，就让我们一起做梦吧！"

他们做到了。

在接下来的 30 分钟时间里，共享领导力团队教练迅速解释了整个会议流程，帮助团队建立了 12 个"传承梦想"小组，并邀请每个小组使用下面三个简单的标准创造不同的传承梦想：

这些梦想（想法）会让整个曼谷市民受益。

所有小组必须是跨职能团队，并且每个小组成员不能超过 10 人。

每个小组成员都需要对这个梦想充满热情。

在下午的活动中，每个小组都收到了一个白板架、一些便利贴、胶带和很多颜色的马克笔。每个白板架都等距离分布在宴会厅的各个地方，就像大钟上的时间刻度一样。每张白板架的中间都放着一个传承梦想的简短标题，以及围绕该标题的 4 个问题，分别是：为什么？是什么？如何做？那又如何？我们在这里使用了碧尼斯·麦卡西教授（Bernice McCarthy）研发的 4MAT[1] 工具模型（见"09 行动准则背后的科学"）。

随后，每个小组需指定一名小组会议引导师，负责引导团队进行讨论和分享。小组会议引导师有 10 分钟的时间以图片的形式从每个小组成员那里收集他们关于这 4 个问题的想法。收集完想法之后，小组会议引导师会引导大家展开一段快速而有趣的团队对话，并用一些关键词为每张图片做注释。在团队对话过程中，每个小组需选出一名志愿者，捕捉团队对话过程中的所有的关键信息，并将这些关键信息最终创编

---

1 4MAT 是共享领导力团队教练经常用到的一个工具，它代表个体在学习的过程中会自然对四种不同类型的问题产生不同的学习偏好，并形成不同的学习风格，这四种不同类型的问题分别是：这为什么重要？这是什么？如何做？如何应用？——译者注

成为这个小组共创的"传承故事"。

为了强化"汇集"的价值,我们安排团队进行了一次"画廊漫步"。除了一名"讲故事的人",每个小组的其他成员都依照顺时针方向依次移动,听白板架前的"讲故事的人"讲这个小组创编的"传承故事",然后,每个团队成员使用便利贴在每个白板架上留言,分享他们的想法、建议或反馈。团队每隔5分钟会向前移动一次。两个小时很快就过去了,这时,所有人都倾听了所有12个"传承梦想",并为每个传承梦想提供了想法和建议。休息后,小组成员回到了自己的白板架旁,12名讲故事的人向自己的小组成员分享了其他小组成员在画廊漫步期间提供的想法、建议,或反馈,并带领大家一起将收集到的想法和建议进一步融合到自己小组的传承梦想的设计中。

第二天早上,团队利用90分钟的时间来规划他们的传承梦想。小组成员一起商讨他们将采取哪些具体的步骤实现他们的传承梦想。同时,他们还不断地对他们的传承故事进行修订和最后的润色。场内还有一个专门的技术小队为每个小组提供摄影、摄像、编辑、音乐制作等服务,为小组更好地演示他们的传承项目提供支持。

我们当中的一位共享领导力团队教练主持了一个36分钟的传承项目演示会。每个小组有3分钟的时间讲述自己小组创作的传承故事。最后,我们的一位教练分享了一段名为"印度男孩"的短视频，这个视频讲述了即使是一个看似非常弱小的人，当他站出来、说出来、行动起来时，也可以产生巨大的力量，并凝聚其他人的动力、想法和能量，带来巨大的影响和改变。你可以在谷歌上搜索"Lead India - The Tree"找到该视频。最后，团队自己制作了一段音乐视频，总结了团队今天产生的所有的关键决策和接下来的行动，同时视频还捕捉到充满整个房间的积极情绪、氛围与精神。

董事总经理的结束语让我们对一切都有了全面的认识："永远不要低估少数人产生的力量。我们昨天和今天所创造的一切将成为我们留给曼谷的财富。现在就让我们一起把这些梦想变成现实吧！"

当然，这次研讨会的一个关键目标就是汇集所有伟大的想法，但更重要的是，在董事总经理和她的领导团队的积极参与与鼓励下，我们看到了共享领导力可以在组织中实现的强有力的、可视化的改变的实际证据。除了董事总经理、她的领导团队和共享领导力团队教练之外，还有另外36个人——他们分别是每个传承项目小组的会议引导师、讲故事的人，还有作为项目汇报人的三位代表——都承担了非常重要的领导角色。而其他团队成员也通过遵守时间，积极参与小组讨论，完成最终的视频制作工作，为项目的圆满完成做出了积极的贡献。大家都看到了共享领导力的存在。

洞见

有效的汇集：

· 创造更多、更好的想法。

· 为激情和创造力提供出口。

· 给予时间和空间让内向的人深入思考、外向的人厘清想法。

· 帮助团队达成共识，锻炼主人翁意识和责任担当。

· 改变团队集体的思维模式和心智模式，推动变革转型。

· 让每个人都有归属感、贡献感，并有所作为。

· 引人入胜，轻松有趣。

· 提升每个人的洞察力和学习力。

· 将会议转变为不同的引人入胜的对话。

· 确保每个人的声音都被听到。

汇集也可以发生在以下场景中：

· 任何会议。邀请任何会议或网络研讨会的参与者花 1 分钟时间，在帖子或聊天中写下他们的反思或问题。

· 社交媒体。你可以在电子邮件或任何社交媒体平台上使用类似的流程。

· 家庭晚餐。从围坐在餐桌上的每个人那里收集见解。

· 我们之前介绍的许多流程，如反思与对话、签到分享、我们的故事、团队调查等，都使用了"停下—反思—写下来—讲出来"这个汇集工具。从今天就开始尝试吧，发现它的力量。

07

共享领导力的行动准则 4：合作

永远不要低估少数人带来巨大改变的力量。事实上，它很少以其他方式发生。

——玛格丽特·米德（Margaret Meade）美国人类学家

共享领导力 5 项行动准则

图 7-1 合作

什么是合作

今天，我们的地球正面临严重的政治分歧，这让合作的行动准则显得尤为重要，我们如何应对冲突和可持续性发展带来的挑战将决定人类的未来。

合作既包含科学决策和规划，也包含你与你的同事、伙伴、竞争对手和让你讨厌的人一起工作的艺术。无论是私营组织还是公共部门，在应对不确定性时，团队和任务小组都必须依赖合作的工具和流程来实现他们的目标，完成工作。合作就是邀请参与和共同创造，我们必须能够在任何环境、任何时间、任何地点与任何人展开合作。

为什么要把合作强化为一项行动准则

我们的团队领导者和其团队成员通常都只是假设他们知道共同的目标，正在共同完成一项工作任务，且每个人都知道要干什么，所有人都已经达成了共识，因而没必要再花时间确认他们的想法是否确实是一致的。但实际上，我们需要通过强化合作才可以解决一些隐性障碍。

·跨职能部门的偏见总是存在的，这是因为人们会天然更倾向于支持利于自己职能部门当前目标实现的内容，而忽略更广泛的组织目标。

- 全球性的组织会深刻体会到过于强调某个国家和地区的利益会对全球战略产生负面影响。
- 由新冠疫情导致的居家办公与在办公室工作的混合工作模式所带来的工作时间的变化也对团队凝聚力和合作产生了重大影响。

> *合作就是邀请参与和共同创造，我们必须能够在任何环境、任何时间、任何地点与任何人进行合作。*

组织如何加强合作

我们经常使用三个流程来强化合作，它们都涉及会议。跟我们合作的来自世界各地的客户普遍认为，会议往往是他们最不喜欢的，也是效率最低的工作体验。而根据《哈佛商业评论》2019年的一项调查研究，世界各地的领导者平均将72%的时间花在了会议上。由此，共享领导力团队教练的一个使命就是让每一次会议，无论规模大小、线上还是线下，都能成为高合作性的、令人难忘的、愉快的和卓有成效的会议。

如果你"偶然"参加了一个高效的合作的团队会议，你可能会观察到以下这些情况。

开始会议之前，会议经理就会征询每个团队成员的意见，仔细考虑会议议程，并将团队成员的意见融合进会议议程。每项议程都有适当的流程、指定的流程负责人、预计的时间及产出结果。会议经理还会事先与团队约定其他关键的会议角色，包括会议记录员和计时员。有时，团队会邀请一名内部或外部的团队教练一起参加会议，以促进团队会议进程与产出。有时，我们也会建议团队邀请团队成员轮流担任这一角色。这不仅会让团队更强大，发展团队的"后备力量"，同时还可以提升团队成员的能力和信心，将高效的富有成果的会议与合作的文化传递到组织的各个部分。

每个人都在会议开始前就做好了准备，并准时到达。如果有人知道自己会迟到，他会提前通知会议经理和其他团队成员。然而，无论出于什么原因，如果一个团队成员迟到，团队中马上会有人主动询问他是否还好，并迅速帮助他跟上团队会议的进度，而不带任何评判。这个简单的"包容"动作在会议中经常会被忽视。迟到的人经常会感到内疚或无法跟上团队进度，其结果就是这个人往往会在很长一段时间里，游离在会议议程之外，他的很多见解和贡献也常常被忽略。这是多大的损失啊，其实只要当时其他成员一个及时的微笑、欢迎的动作和简短的总结就可以帮助他积极地参与会议，做出贡献。

在会议开始时，团队会先花 10 分钟左右的时间做"签到分享"，在个人层面进行联结。正如我们之前所描述的，这是团队"工作"的重要部分。这一过程会帮助团队成员建立相互理解、相互欣赏和尊重的纽带，并形成一种相互关怀的团队文化。

团队遵循他们在之前的会议中创建的团队规范。通过提出适当的要求、建议、反馈，每个人都对团队的成功承担100%的责任。运用事先商定好的计划和决策流程，团队能顺利地从一项议程转到下一个议程。会议过程中会经常使用SRWR工具，让团队有时间进行更高效、更深入的思考，并分享自己的想法和洞察，团队每个人都有平等的机会做出贡献。如果是线上会议，团队成员可以使用聊天工具来进行这一步骤。不同想法的团队成员每隔一段时间就对所听到的想法进行总结和复述，以确保彼此之间深度的理解和共识。

你很少会听到团队成员抱怨或指责他人。事实上，如果你只是偶尔参加这个团队的某一次会议，你可能根本不知道谁是这个团队正式的领导者，因为这个团队在分享领导力方面是如此自如和有效。持续学习是团队合作文化中的一个重要部分，为了使所有人在每次会议结束后都有新的收获，在每次会议的最后，我们都会邀请所有团队成员对会议进行简评。大家可以在这个环节交换会议过程中获得的洞见、对会议过程的观察、闪光点与可提升的机会点，确认接下来将采取的行动。也因此，随后的每一次会议都变得更加高效和有趣。

为了强化学习，每个团队成员在团队中都有一个学习伙伴。他们会定期会面，就各自想要改进的具体行为的进展情况交换反馈意见。大家互相给予和接受反馈，互相欣赏，乐在其中。当然，时不时地也会有分歧和冲突发生。然而，团队具有将困难的对话转化为学习对话的流程、工具和能力，他们理解是什么让一场对话变得困难，以及可以使用什么流程来化解冲突，提供反馈。同时，他们有丰富的词汇库帮助他们更容易地理解、学习和表达彼此之间不同的感受。

在这样的团队里，成员们乐于接受挑战。团队会将挑战看作创造性地建立团队共识过程的重要部分。没有人认为挑战是针对某个人。相反，挑战是团队学习文化的组成部分。好奇心取代了确定性，合作取代了竞争。没有人会对寻求帮助感到害羞。团队会议更多地聚焦于给予团队支持和帮助、赋予团队价值和意义，以及共同解决团队问题，而不是使用PPT进行长时间的会议报告。

每次会议结束时，团队成员都要说明他们将做什么，以及什么时候做，所有的承诺清晰、明确且有文字记录。团队会议结束后，团队成员们会三三两两地聚在一起，跟进承诺，提出要求与支持。他们还会定期从彼此那里听取反馈意见，渐渐地，他们一起创造了一种"边学习边赚钱"的跨职能文化，团队成员彼此之间越来越信赖，团队内部充满了欢声笑语，并且绩效表现出色，每个团队成员都既自信又谦逊，充满对其他同伴的好奇心和关心。大家都在努力做出贡献，而不是想着如何去邀功。

同时，团队成员还会积极地将共享领导力团队文化传递到整个组织中。当团队成员被赋予真正的影响力、权力和自主意识后，他们就会表现出充分的参与度和承诺度，他们主动担当、付出、献计献策，承担公司重要项目是因为他们想要，而不是因为他们不得不。就像雁群（如图7-2），它们互相支持，当领飞的大雁飞累了，另一只大雁就会主动去担当"领飞"的角色；它们互相照顾，当一只大雁生病或受伤时，另外两只大雁会带着生病或受伤的大雁飞到安全的地方，照顾它直到它恢复健康，再加入另一个雁群。通过共享领导力，大雁的整体绩效可以提高70%。如果它们可以，我们也可以。

图 7-2　飞翔的雁群

关于共创与合作的另一个强有力的隐喻是优秀的爵士乐团。每个乐队成员都能仔细聆听并感受，找到最佳时机参与演奏。请注意，他们并不把自己的演奏叫作"工作"。他们是在一起共同创作一部伟大的作品，一部依靠他们自己甚至都无法想象的伟大作品。他们在愉悦观众的同时也给自己带来了惊喜。他们不只是在敲击音符，他们是在创造音乐。高效的团队也是如此，他们一起创造，共同交付，他们不是在做"执行"——这是一个非常令人乏味的词，他们是在给生活创造美好的事物。

我们在这里推荐三个具体的"合作工具"，它们可以为两人以上的团队会议带来"魔力"。对于前两个工具，我们将提供一个简短的简介；而对于最后一个工具我们将为你提供这个工具的详细描述，因为它可以彻底改变团队会议，并可能改变一些团队成员的生活。

1. 会议管理：6W + 1H

这个工具是会议设计工具。在每次设计会议时，会议经理只要考虑以下这些问题，就能将每次的会议变成能够吸引大家积极投入参与的学习活动。

· 谁（Who）？例如：参会的人都是谁？

· 为什么（Why）？例如：为什么要开这个会？会议的目的是什么？

· 是什么（What）？例如：这是什么会？会议的类型是什么？

· 什么时候（When）？例如：什么时候开会，开多长时间？

・在哪里（Where）？例如：会议在哪里举行？线上还是线下？

・谁的（Whose）？例如：这是谁的会议？谁是会议的发起人、组织者？

・怎么做（How）？例如：会议的议程、角色、资源、后勤、会前需阅读的材料、每项议程的时间预算、备用计划、简评等。

2. 强大的会议计划流程工具

大多数会议没有很强的影响力，只是因为它们没有经过很好的计划。我们建议团队采用结构化的计划流程工具，既能让会议经理和团队成员在准备和执行会议过程中简单高效，有章可循，又能帮助每个人更好地聚焦会议主题，关注会议时间，还可以让会议产出更多有价值的结果，并消除诸如以下之类的评论：

・"我们已经做过了，不是吗？"
・"关于这件事，我们需要做点什么吗？"
・"我们是不是应该谈点别的？"

通过结构化的会议计划流程工具，任何会议经理都可以组织更有效的会议，为每个团队的每次会议带来更大的参与度、价值与影响力。

3. 同伴学习流程（PLP）[1]

LIM 的同伴学习流程旨在让团队中的所有人都能以更高效和受尊重的方式寻求并获得同伴帮助。寻求和提供帮助是提升团队联结，改善团队人际关系的一个重要方法。我们都需要并想要从同伴那里得到帮助。但不幸的是，我们大多数人都需被迫适应依赖自己独立行事的文化。很多时候，只有在后期的时候，我们才能意识到既保持自己的独立性又能与他人相互依赖才应该是我们的目标。我们相互联结，当我们需要帮助时，我们首先要能够伸出手去寻求他人帮助；而当我们看到其他人需要帮助时，我们需要主动为他人提供帮助。我们每个人都懂得这一点，但我们就是不知道到底该怎么做。

> 当我们需要帮助时，我们需要伸出手寻求帮助；当我们看到其他人需要帮助时，我们需要提供帮助。但我们总是不知道究竟该怎么做。

几年前，我们的一位教练去菲律宾潜水看鲸鲨。有一天，他坐在菲律宾海滩外面的一间小屋吃早饭，一位女士碰巧走

---

[1] PLP 是我们在团队教练过程中经常用到的工具，它通过结构化的过程，帮助团队中的某个人就他的某个具体的个人挑战从团队伙伴那里收获多样化的视角、洞见、帮助和支持。——译者注

过,她问道:"我可以打扰您一会儿吗?"教练开玩笑地回答:"不行。"女士礼貌地道了歉,走开了。他赶紧走上前说道:"我刚才在开玩笑呢,完全可以,您有什么事吗?"这位女士问他是不是潜水爱好者,是否有兴趣去看鲸鲨。

他告诉这位女士,他来这儿就是为了潜水看鲸鲨。女士说,她在附近的一家潜水店工作,他们晚些时候有潜水项目可以预订,问他是否有兴趣。他说,他已经通过网站在这家潜水店预订了一个潜水项目,早餐后就会去那里。

紧接着,教练对这位女士说,她有一份很棒的工作,可以每天沿着海滩散步,然后找一些潜水爱好者去看鲸鲨。没想到她听完后泪水突然就涌了出来,她哭了。教练问她:"怎么啦?"她告诉教练,她并不喜欢这份工作,她的理想是成为一名老师,但由于甲状腺疾病,她无法从事教学工作,所以才不得不接受这份工作,但这份工作的薪水也不能支撑她养家糊口。她感到非常沮丧,一周前还曾想过自杀。她的丈夫和孩子根本就不知道她的心里有多绝望。教练问她是否有30分钟的时间,也许他可以帮助她。她答应了。

教练带她完成了简单的PLP步骤,帮助她识别出她的关键问题和潜在的解决方案。

30分钟后,她脸上灿烂的笑容取代了眼泪。她获得了很多有启发性的问题和几个不错的提议,她可以马上采取行动,包括跟丈夫倾诉自己的感受。长话短说,下午教练就去潜水了，但他那天没能看到鲸鲨，所以几个月后他又回来了。这次，他又遇到了那位女士还有她的丈夫。在吃饭时他们进行了两轮 PLP。这位女士和她的丈夫都得到了支持。现在这位女士已经进入了当地师范学院的一个教学项目。她非常开心，她正在实现自己梦想的路上越走越远。

PLP 是一个我们可以与家人、朋友、同事、客户和陌生人一起使用的互相帮助的合作的工具，它没有任何限制。作为共享领导力团队教练，我们经常使用它。线上或是线下都可以。我们强烈建议业务团队通过使用同伴学习工具少做报告，多做支持。当我们这样做时，无论是团队中需要帮助的人，还是能够为同事提供价值和帮助的人，都能从中受益。通常情况下，团队中某个人的挑战也可能曾经是或将是团队中另外一个人的挑战。提升团队成员之间对彼此的同理心和信任感是应用同伴学习这个工具的两个潜在价值。

故事：跨职能合作

在这里我们想分享一个故事，说明两个重要的组织职能部门是如何从几乎分离到紧密合作的。

几年前，我们受邀帮助亚洲地区一家著名的制药公司的医学事务部和它的商业团队重塑合作关系。那时候，这家制药公司刚刚向全球市场推出了一款具有巨大市场潜力的药物，商业团队想要尽快在亚洲市场开展药品的销售工作，而医学事务部的同事对这件事情则持更加谨慎的态度，他们需要确保药物以正确的方式进入到亚洲市场，对商业团队马上要在亚洲市场开展药物销售工作缺乏信心。此外，全球总部刚刚出台了新的合规守则，医学事务部需要确保该合规守则得到执行，结果就是这两个职能部门都严重受挫。医学事务部被描述为阻止好事发生的"警察"；而商业团队被描述为只关心奖金，想走捷径的"牛仔"。两个团队都感到非常沮丧，无法合作。

我们强烈建议业务团队通过使用同伴学习工具少做报告，多做支持。

我们受邀帮助这两个职能部门一起克服阻碍，并决定往后该如何一起工作。我们的方法包括与全球、亚太地区和各个国家不同级别的所有重要的利益相关方进行一对一对话，与一些关键客户包括公司的全球医学事务官、亚太地区商务负责人、人力资源部门负责人和一些当地的团队成员共同设计了为期两天的工作会议。除了一些面对面和线上会议，我们还在两天的工作坊之前与两位团队最高级别领导人举行了一次私人晚宴，让他们能够并愿意鼓励各自的团队在接下来两天的协约会议中保持开放和积极，愿意在会议上敞开心扉，并向对方提出具体的期待和支持。这顿晚餐是关键，教练们利用这个机会让两位团队领导者在正式的团队会议之前就进行了坦诚的交谈。很明显，这两位团队领导者对待彼此的行为和态度在很大程度上影响了他们各自团队的行为和态度。一旦这两个团队的领导者在精神上和语言上达成一致，我们之后的协约会议就有了很大的成功机会，就像小时候我奶奶常常说的那句话："鱼无论是游泳还是发臭，都是先从头部开始的。"

晚宴上的"协约谈话"为第二天早上的正式"协约会议"奠定了良好的基础。在最初的 10 分钟里，这两位团队领导者公开并亲自为整个"协约会议"背书。他们俩一起做出的公开表态向房间里的每个团队成员释放出了一个强烈的信号："团队中的两位老大已经达成了一致意见，他们会帮助我们与对方合作，他们自己也会这样做。如果是这样，我们应该合作。"

为了释放团队成员彼此之间相对紧张的情绪，我们在第二天"协约会议"一开始安排了一个"联结"活动，每个团队成员都有 90 秒的时间用两张事先准备好的图片来介绍自己——第一张图片表明"我"的一些独特之处，它可能是我做过的一些特别的事，或我去过的某个特别的地方，或我拥有的很可能与房间里其他人不太一样的东西。第二张图片是能够描述或形容"我"的某一个特质。这些介绍打破了团队成员之间的沉默，并且非常有趣，每个人的声音都被听到了。通过联结，我们已经为后面的艰难工作做好了准备。

我们认为让两位团队领导者共同开启对话，并以此为基础展开讨论至关重要。因此，接下来，我们其中一位教练就邀请两位职能部门的领导者首先展开了一场"金鱼缸对话"。[1] 教练和两位部门领导者坐在一个小圆圈里，下属都坐在这个小圆圈的外圈，仔细聆听这两位领导者之间的对话。医学事务部负责人的任务是告诉商务部负责人为什么商务对公司很重要，而商务部负责人的任务是要说服医学事务部负责人为什么医学事务部对公司很重要。为了能够让他们的直接下属也能参与到这场对话过程中，我们在小圆圈里还放了一把空椅子，这样坐在外圈的团队成员就可以在他们认为必要的时候上前提问，或者对所提出的观点进行补充，之后再回到自己的位置，让其他人也同样有机会进行提问和必要的补充。这项活动提升了团队的集体觉察、同理心、开放的心态和对问题清晰的认知——这是团队行为模式发生转变的基石。

休息过后，我们向团队介绍了反思与对话的工具，这是我们用来促进团队共同"理解"正在发生的事情，并对正在发生的事情赋有共同的价值和意义的对话工具。我们邀请所

---

[1] "金鱼缸对话"是共享领导力的团队教练工具，指通过最大限度邀请聆听和减少防御的方式在团队中提供交流与反馈的流程。——译者注

有人坐在一个大圈里，这样每个人都能听到和看到其他所有人。在简单介绍了反思与对话的基本规则之后，我们邀请每个人花 3 分钟的时间在他们的学习笔记中写下他们从"金鱼缸对话"中获得的对自己、组织、部门、团队、业务新的学习和洞察。在接下来的 45 分钟的时间里，这群人可以自由地分享他们的想法、感受、希望和见解，以及这些想法、感受、希望和见解对他们、他们所在的职能部门和公司的影响。

午饭后，两个团队开始一起制定优化他们的工作关系的策略。他们通过开放空间的工具，就"金鱼缸对话"和"反思与对话"过程中浮现的团队共同价值和意义的主题和问题，以混合小组的形式开始展开工作，一起制定两个团队需要共同承诺并提升的绩效指标和具体的行为及关键策略，以打破团队之间的阻碍，共同解决横亘在两个团队之间的核心问题。

第二天早上，我们帮助两个职能部门展开了正式的"协约对话"，帮助两个职能部门建立了正式的持续合作的新范式，并得到了两个团队所有成员的显性承诺。在那一刻，每个人都已经亲身经历了彼此合作的过程，同时看到了由此产生的积极结果。他们所要做的就是及时捕捉、提炼在这一过程中团队之间保持良好合作互动的"行为规范"，将它们恰当地定义出来，并在此次工作坊结束后，继续保持这些"行为规范"，使他们能够继续一起高效工作。除了就两个部门都需遵守的共同的行为规范清单达成一致，两位职能部门负责人还承诺他们在接下来的一段时间内，每周都会进行一次午餐会议，以便他们能够持续联结并监督两个团队的工作进展。[1]

合作和检核

我们不会重复我们已经写过的关于"联结""协约"和"汇集"的内容。然而，当团队在合作中遇到困难时，很可能是因为他们没有花足够的时间进行"联结"或"协约"，或未从所有人那里"汇集"想法，因此每个团队都需要定期进行检核。

我们建议团队每 6 个月进行一次检核，以回顾团队规范、团队与领导者的期望清单、角色、组织适应性、业务目标、团队愿景进展，并对"我们做得怎么样？"达成共同的理解。在长途公路旅行中，我们绝大多数人都习惯每隔一段时间就停下来伸展一下双腿，检查油箱，给车加油，补给车上的食物和水，然后再看看地图，以确保自己不仅能够"旅途愉快"，而且始终是在朝着正确的方向前行。为了让团队保持高绩效，团队也需要做同样的事情。我们都是人，我们都有良好的意图；但通常在我们"加速"去往目的地的过程中，我

---

[1] 目前，在中国我们为有相同需要的客户提供以上跨部门合作协约会议服务。详情可咨询 J&C 奕洵。——译者注

们常常会变得草率；我们会忽视检核细节或长期影响，而这样做可能会导致我们经历更多的崩溃、分手和不必要的"困难"。这些可以通过定期的团队检核来避免或最小化。

总之，任何团队都需要在团队内部、外部、客户和合作伙伴之间保持合作，以下三个简单的技巧可以帮助任何团队保持最佳绩效表现：

- 建立能让团队会议变得更高效、更高参与度的协约，多做支持，少做报告。
- 用实用的工具进行计划、决策、学习、合作，创造团队共同的价值和意义。
- 定期检核，确保团队保持专注，充满乐趣，并朝着正确的方向前进。

洞见

那么，关于合作的关键洞见是什么呢？

有效的合作：

- 对团队生产力和组织成功至关重要。
- 是共享领导力不可分割的一部分。
- 是每个组织成员的责任。
- 是团队每一次会议、互动必不可少的部分。
- 在团队每一次解决问题时都能轻松实现。

- 激发团队互相帮助的本能。
- 促进职能内部和跨职能部门之间的对齐与协同。
- 能省下或赚取上百万的利润。
- 是有趣的。
- 需要定期检核。
- 在企业中创造这样的文化——"感谢老天，今天又是美好的一天！（而不是感谢老天，今天终于熬到星期五了）"。

08

共享领导力的行动准则 5：挑战

即使生活给我们带来挑战，那也是一份无法估量的礼物。

——帕克·帕尔默（Parker Palmer）美国作家

共享领导力 5 项行动准则

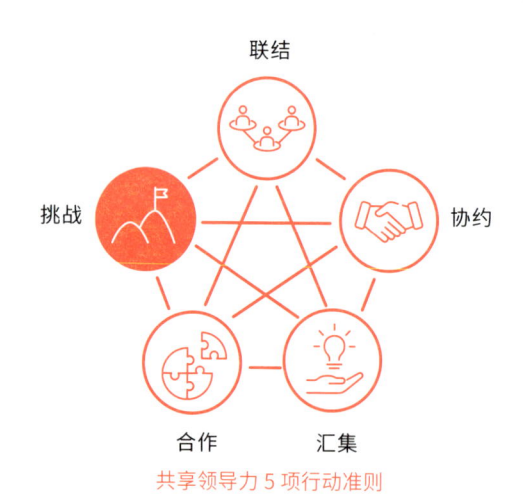

图 8-1 挑战

作为领导者和教练，我们需要习惯于挑战自己、挑战伙伴、挑战上级和我们的团队，超越我们熟悉的经营方式，不断考虑新的战略，以创新的方式解决我们当前面临的阻碍。

同样，作为教练，我们必须考虑我们如何能够更具创造力，如何能够拓展我们自己的心智模式、边界、方法、工具来激发自己、同事、客户和他人的潜能。挑战的概念对于教练和领导者同样适用。任何团队、领导者和团队成员都必须愿意不断挑战现状，一个健康的团队总是会有更多的创新。

什么是挑战

挑战的行动准则是指通过不断质疑现状、挑战极限、鼓励新思维，取得并保持领先。

挑战为什么如此重要

如果没有它，领导者、团队和组织就可能会陷入自满，只满足于维持现状。而那些设计、发明、属于我们的知识产权和创新很快就会过时。因此，组织很快就会失去竞争优势，陷入倒闭的境地。

> *通过不断质疑现状、挑战极限、鼓励新思维,取得领先并保持。*

当学习和创新停止时,利润和生产力就会跟着慢下来,近代历史中无数的事实都向我们说明了这一点。

很多美国公司,如宝丽来、玩具反斗城、鲍德斯书店、淘儿唱片、无线电广播室,现在都已经不复存在——这一切都始于他们的自满,即安于现状,不再挑战自己……类似这样的公司不胜枚举。领导者们和教练们都面临着同样的挑战,我们要么不断创新、挑战、超越自己,要么就退出离场。

如何运用挑战的行动准则来促进团队成长

挑战的过程为个人和组织创造了以创新的方式解决现有问题的机会,同时也拓展了新的增长前景。挑战现状的目的不是要诋毁前人的做法,或是让别人丢脸,也不是为了挑战而挑战,而是渴望努力变得更好,改善自己的处境,探求新的、更好的生活方式,开发新的产品,为客户提供更有效有价值的服务。如果不改变,我们就有失去市场地位的风险,甚至可能会萎缩落败。挑战和接受挑战都需要对反馈持开放态度,并保持学习者的心态。富有成效的挑战应该能够为"我""我们""他们""它"创造多赢局面。

在本章中，我们将从以下四个角度来分析"挑战"：

（1）我——教练或团队领导者；
（2）我们——一个商业团队或与团队教练一起工作的团队；
（3）他们——客户（内部或外部）；
（4）它——工作（任务、问题或解决方案）。

> 挑战和接受挑战都需要对反馈持开放态度，并保持学习者的心态。

这里我们用五个故事来说明这四个方面的挑战。

故事1：来自上海的惊喜

几年前，我们收到了在上海的一个全球制药公司客户的邀请，这给我们带来了一项全新的挑战，让我们有机会开发并提出一套独特的解决方案。客户最初的要求是让我们设计并交付两个独立的发展项目：第一个项目是为公司在中国的30位最高级别的高潜领导者提供公司的核心领导行为与能力发展项目；第二个项目是向8位公司高级人力资源业务合作伙伴（HRBP）教授必要的技能，使他们未来将同样的组织领导行为与能力发展项目传递给再下一级的高潜领导者们。

我们看到了把这两个项目要求进行充分整合并提出新的解决方案的机会。这样做不仅能让整个项目节约成本，还能更快速地为客户带来结果，并确保更高水平的组织效益。

为了实现这一目标，我们开发了一种全新的项目设计方案，将两个主要项目整合成了一个相互关联的混合发展项目方案。这个项目中既包含我们的共享领导力团队教练认证项目（TCCP），也包含我们的共享领导力发展项目（SLDP）[1]。

我们认为，与其在每个项目中单独启用我们的共享领导力团队教练，不如让这8位人力资源业务伙伴与我们的共享领导力团队教练组成联合教练团队，共同作为30名高潜领导团队的教练团队工作，在8位人力资源业务伙伴与我们的教练团队一起工作的同时，为他们提供共享领导力团队教练认证项目。这一整合方案为我们和客户都带来了巨大的好处。在这一过程中，我们先是为8位人力资源业务伙伴提供了他们需要的共享领导力团队教练内部认证课程，然后我们将他们作为宝贵的新的教练资源与我们的团队教练一起合作开发并执行了公司30位高潜领导者的领导力发展项目。我们的共享领导力团队教练与新的公司的内部团队教练（8位人力资源业务伙伴）一起工作，在他们需要时给予内部教练团队及时的帮助、

---

[1] 目前，在中国我们既为客户提供单独的TCCP项目和SLDP项目，也提供两者的混合发展项目以满足不同的客户需求。详情可咨询J&C奕洵。——译者注

支持和教练辅导，共同赋能、教练了30位公司的高潜领导者，发展了30位高潜领导者的核心领导能力和行为。

在高潜领导力发展项目进入到第二模块时，依据事先计划，我们邀请到公司一位产品市场总监向大家介绍公司即将推出的一款新产品的最新营销策略。该项议程计划时间为一个小时。

市场总监准备了一份长达三十多页的幻灯片，这套幻灯片里绝大部分都是重要的图表、统计数据和很多小字。她对自己准备的材料很熟悉，但显而易见的是，她对在这么多人面前做演讲缺乏自信，她只好大声地将每张幻灯片上的内容都读出来，但这很分散大家的注意力，其实大多数观众看幻灯片的速度比她说得要快。当时至少有4项行为阻碍了这位女士演讲的有效性：她一直语调平平；用低沉、单调的声音读着每张幻灯片上的文字；和听众之间没有任何互动和交流；每张幻灯片上的内容非常密集，人们无法捕捉到任何关键信息。

观众很快就对她失去了兴趣，开始沉迷于看手机。30名参与者中有22人在玩手机，有8个人似乎在听，所有的教练都注意到了正在发生的事情，并看向主导教练寻求指导。

现在想象一下，你就是那位共享领导力团队教练团队的主导教练。你和参与者及其他所有的团队教练坐在一起。你看了看手表，发现这部分还有40分钟才结束。在第一模块的工作坊中，你曾经和所有的参与者达成了几项团队学习规范协约，其中包括每个参与者在整个学习旅程中都将积极倾听和参与每个环节（其中积极参与的一个行为表现是不在工作坊中看手机）。

【在你继续阅读之前，请停下来思考3分钟，写下如果你就是那位主导教练，你会怎么做。准备好了吗？你有"计划"吗？当你准备好了，请继续阅读。】

下面是共享领导力团队教练的做法。

首先，他做了你刚刚做的事，花了3分钟思考、计划。然后他慢慢地起身，走到房间前半部分。此时，市场总监正站在那里演讲。当她稍作停顿的时候，教练说道："请原谅我打断您，因为我注意到我们有很多人都需要用手机查看一些信息，所以我建议为大家提供10分钟的手机时间，这样，10分钟之后我们所有人就可以把100%的注意力都放在我们的演讲者身上。会议将在11:30重新开始，工作坊也将延长10分钟的时间，因此我们的午餐也将推迟到12:10开始。"

在短暂的休息期间，主导教练问市场总监是否注意到了会场里有三分之二的人都在看手机，她回答说没有。教练邀请她考虑一下如何能让自己的演讲更生动，更引人入胜，并询问她是否有兴趣听一些建议。她说："当然。"然后主导教练很快地给了她一些可以马上考虑的想法："这里有两件事您也许可以尝试一下：第一，和大家就最重要的信息进行交谈，而不是一张一张读幻灯片，幻灯片里有非常多的细节，观众很难一边看 PPT 一边听讲，您可以在会后把幻灯片发给他们，细节的部分他们可以自己慢慢看；第二，和听众建立眼神交流，这样会创造出更亲密的联系，让他们把注意力集中在您和您说的话上。"

教练提出，如果她有兴趣，他也可以在未来几天与她见面，提供更多反馈。教练建议她用接下来的 9 分钟时间整理一下自己接下来该怎么做，市场总监对教练表示感谢后，教练就回到了自己的座位上。

10 分钟后，市场总监把所有参会人员都请了回来，在剩下的时间里，她和与会者之间有了更多的互动、眼神交流，所有参与者的参与度明显更高了。午餐期间，主导教练邀请教练团队（包括共享领导力团队教练和 HRBP 们）聚在一起共进午餐，并与他们分享他为什么这么做，以及当所有人在午餐后再次回到会场时，他打算做些什么。教练们都认为他的做法是必要的，他既成功地帮助了与会者，也帮助了演讲者，并且没有让她感到没面子。现在是时候从每个人身上汲取洞见了。

下午的工作坊在 13:10 准时开始。主导教练邀请所有人站在户外（因为那天天气很好）围成一个紧密的圈，邀请每个人分享一个"偶发的洞见"，这是一个非正式但有效的工具，能帮助学员从早上发生的事情和午餐对话中汲取更多价值和意义。因为这是午饭后的惯例，每个人都对这次分享交流非常期待。

不出所料，大家的分享主要集中在对计划外的"手机休息"时间的感受上，大家的分享都很有洞察力，这一刻也成为整个工作坊期间最难忘的时刻之一，其中的一些洞察包括：

·教练所带来的价值在于他们有勇气在恰当的时候站出来，挑战并改变当下的状况。

·找到"合适的"学习时机并为各方创造共赢局面的重要性。

·确保团队/参与者遵守他们自己制定的团队规范非常重要。

·"及时性学习"（Just-in-time）干预非常有力量。

·及时运用"偶发性的洞见"进行干预的力量，在团队中有意识地捕捉收获到的及时性的"学习"和"洞见"非常重要且有价值。

·及时定期召开私人小组碰头会，确保团队成员之间始终保持一致非常重要。

·一个好的演讲最重要的是要让参与者能够参与进来，这样他们就不会忍不住掏出手机。

故事二：在梅里达失踪

我们曾为一家市场占有率领先的、总部在德国的疏浚业务集团公司的高管们设计过一个由 4 个模块组成的共享领导力发展项目,其中第一个模块的举行地是墨西哥梅里达。我们与公司集团内部的24位全球领导者一起工作,他们分散在世界各地,其中大多数都是德国人。

像我们通常做的那样,我们把所有的项目参与者分到不同的项目团队中,每个项目团队都需要面向真实的公司客户,解决公司内部正在面临的真实的业务问题和机会,这些问题和机会可能会为公司赚取或节省数百万美元。在这个过程中,参与者对自己、团队合作、咨询建议、共享领导力和公司都会有更深入的了解和洞见。为了最大限度地拓展每一位参与者在项目中的核心能力与认知,我们邀请每位参与者自己选择他们想要加入的项目团队,但需要遵循一个共同的原则,即每个人都不能加入自己最擅长的项目团队,在其中工作。我们希望每个团队都能够最大化地开发并运用他们自己的内在智慧和隐性知识,而不是依赖已经对类似挑战或情境驾轻就熟的同事来完成项目。为了强化这一点,我们鼓励所有参与者在组建项目团队时最大限度地考虑增加团队的多样性。如,项目团队可能由来自不同国家和地区、不同职能部门、不同年龄和性别的参与者组成,与来自不同国家或地区和不同专业领域的客户一起合作解决问题。因此,团队能够更容易挑战现状,产生创造性的解决方案,并能够解决系统性的组织挑战。

第一天的内容基本上是为了让整个团队了解项目概况,

在个人层面上建立相互联结，签订团队规范，进入项目小组，与项目小组同事和共享领导力团队教练见面。

第二天，我们专门安排团队通过视频电话与客户公司的高管会面。四个项目小组分别在不同的房间里和他们各自的共享领导力团队教练一起展开项目小组工作。在每个项目小组完成教练与项目小组团队的角色协约后，我们的教练团队就从各自的项目小组的圈内退了出来，教练们站在小组圈外，观察所在项目小组的团队动态，并不断寻找为项目小组提供及时性学习的机会。

在其中一个房间，没过多久，一名项目小组成员就转身向他的教练发起了挑战，他用略带沮丧的声音大着嗓门说道："不好意思，教练，是我错过了什么吗？我怎么感觉你什么都没教我们呢，那我们要做些什么呢？我们要在这里等多久呢？"

这就是共享领导力团队教练一直在寻找的及时性学习的机会。教练转向整个项目小组的其他成员并询问他是否可以暂时加入团队中回答这个问题。顺便说一下，有些人可能并不了解德国人，对于绝大多数德国人来说，在众人面前大声地说出自己的担忧或感受是一种非常普遍的现象，没什么大不了的。其实这些行为也正是共享领导力团队教练们所希望看到的。

教练拉了一把椅子过来，加入项目小组团队。首先他转向刚刚那个提问的人,感谢他勇于直言,并向他发起挑战。紧接着他面向所有项目小组成员,总结了他从刚刚的一连串问题当中听到的三个重要问题——第一个问题是"什么是我们需要的学习";第二个问题是"我怎样才能学得最好";第三个问题是"教练和我们是如何设计有效的学习方案的"。他接着说道:"这些可能是我们在这个项目中要解决的最深刻的问题。"然后,他介绍了我们在本书前面描述过的"反思与对话"工具。在对以上焦点问题进行了 5 分钟的思考之后,团队开始了一场非常难忘的对话。这次对话让他们理解了基于项目的"行动—反思—学习"过程与基于 LIM 研发的十大"行动—反思—学习"原则的多种学习方式[1]。教练成功地将挑战问题从潜在的防守区转变为丰富的团队对话,使得每个人,包括教练,都能够从不同视角分享关于学习的定义。其中一个洞察是,作为团队的领导者,应该如何避免因团队中不同的观点和挑战性的问题自动进入防守区,转而采取另一种做法,即欢迎来自团队成员的各种挑战并带领团队进入学习区。这次对话比任何讲座都要有效得多。

底线:把挑战变成及时性学习的机会。避免进入自我防御状态,真诚地感激、欢迎不同的观点。记住,人们学习的方式有很多种。作为教练和领导者,我们必须在会议、项目

---

[1] 我们将在"09 行动准则背后的科学"详细介绍这十大原则。

设计以及与团队成员的对话中始终了解并认可这一点。

如上所述，德国人的评论通常非常直接，这个共享领导力项目的学员主要由来自德国的领导者组成，其中大多数人是曾经受到过严格训练的工程师。显然，德国文化和其他文化一样多元，然而，有充分的证据表明，理性偏好的思考者们，如科学家、工程师、数学家、审计员、金融家、会计师等，往往更适合逻辑性强，以事实为基础的学习方法。这使得人们普遍认为学习应该是可操作执行的、可落地转化的、可验证的、可衡量的、有组织的。教练了解这一点，因此他在不断寻找合适的机会向团队提供证据，表明学习也可以是归纳总结的、直觉性的、社会性的、系统性的、整体的、渐进的、不断持续演变的。

关键收获：

·挑战：任何挑战，无论是对个人、团队、组织、企业、政府，甚至是对我们整个地球的挑战，都可以转化为促动学习的强大催化剂。

·转化和转变：学习可以是转化性的——转化成即时性的行动，也可以是转变性的——态度和行为的改变。

·及时性学习：寻找及时性学习的机会。这些总是最令人难忘的，同时也是最有效的。

·防御性：避免进入防御状态；积极面对新的选择。

故事3：瑞典的玻璃天花板

一次，在我们与瑞典的一位汽车企业客户进行到共享领导力发展项目的最后一个模块时，四名女性参与者找到了项目教练，她们脸上都带着几分沮丧。教练问她们怎么了？这四位女士说，她们认为这个项目中缺少了一些很重要的东西，但现在提出来是不是已经太晚了。她们的话引起了教练的注意，教练问她们能不能具体说说。

这四位女士说，在这个全球领导力发展项目中，共有二十四名学员，却只有她们四名女性，仅就人数而言，她们就觉得女性视角已经被严重弱化了。由于这是一家男性主导的公司，因此存在一种只有女性才能感知到的"玻璃天花板"，她们询问教练是否愿意在项目结束前解决这个问题。这是一个充满挑战的要求，感谢这些勇敢的女士，她们愿意向教练发起挑战，并主动寻求教练的帮助，教练无法拒绝，在一夜之间改变了这个模块最后一天的设计。

接下来发生的事情是这样的。第二天早上，主导教练以前一天晚上和四位女士的谈话作为最后一天课程的开场，向大家坦陈了发生在他们彼此之间的"玻璃天花板"的谈话，教练感谢了这四位女士，并询问大家是否愿意在最后一天一起探究由这四位女士提出来的重要议题。在得到大家的许可之后，我们向大家介绍了最后一天新的设计流程。

随后教练邀请这四位女士和其他男士分别围成两个独立

的圈子，彼此之间保持足够的隐私距离。每个人都被邀请进行两分钟的停顿思考，写下一个他们希望另一组回答的有关"玻璃天花板"的问题。在各自的圈子里分享了他们的问题后，每组需要选择四个问题询问另一组。在两组人都选出四个问题后，女性被要求站在男性圈子的后面，每次给他们一个问题。经过两分钟的停顿思考后，男士们进入了"金鱼缸对话"——他们彼此交谈，不看女士们。所有四个问题都以同样的方式处理。女士们做着笔记。

短暂休息后，女士们围坐在她们的圈子里，而男士们则在她们身后围成一圈，用同样的方法一次一个地提出四个问题。最后，主导教练让所有人包括其他教练都坐成一圈，就"我学到了什么？"这个问题进行反思和对话；整个对话的能量非常高，感激与赞赏替代了之前的抱怨和愧疚。"我们"和"他们"开始被"我们"所替代。学习内容非常丰富，团队旧有的范式开始瓦解。

午饭后，是时候从思考、洞见转向行动了。我们邀请每个人提出一个可以带来积极行动的问题。我们的目标是让每个人都参与进来，提出一个计划和下一步的行动，在某种程度上解决这种不平等，打破玻璃天花板。

工作坊的结果是令人鼓舞的。参与者们提出了一些明确可行的建议，然后由两名女性和两名男性共同代表整个项目组向公司的领导团队提出他们认为能让组织变得更好、更具包容性的重要建议。主要由男性组成的领导团队接受了项目组提出的所有的挑战建议。所有项目组的成员都感到鼓舞和感激。

这一过程的美妙之处就在于如果我们可以有效整合不同视角，就可以在几乎任何地方应对任何挑战。当教练方案与参与者高度相关时，几乎总是可以取得很大的进展。而当相关性缺失时，就需要有人大声地讲出来，并提出挑战。以下是给到团队领导者和团队教练们的一些指导建议：

·保持开放：如果需求发生改变，教练方案也必须随之改变。

·SRWR：确定需求背后的紧急又重要的问题。

·"金鱼缸"对话：创造一个可以彼此倾听焦点问题的答案的环境。

·计划：设计一个流程，让参与者自己决定哪些问题需要转化为计划和行动建议，从而采取行动。

·下一步行动：确保关键计划和行动建议都有清晰明确的下一步，并在团队中保持透明和公开——谁将在什么时候做什么。

·点评：汲取大家对过程和内容的想法和感受，引导大家讨论过程所产生的影响、价值以及应该如何应用，以便在适当的地方复制这些有用的过程。这是获得团队反馈并推动团队不断向前的简单方法。

故事 4：登月

几年前，我们的两位共享领导力团队教练受邀与我们一家制药公司客户的董事总经理合作，帮助他们的团队在菲律宾举行一场年度团队发展工作坊。举行工作坊的酒店坐落在悬崖边上，能够俯瞰美丽的巴拉延湾，并看到壮观的日落，这里无疑可以启发很多人的创意和灵感。像往常一样，我们从业务、组织、团队、专业能力、个人和可持续发展六个方面为领导团队提供支持。

在针对业务层面的设计阶段，董事总经理希望每位团队成员最后都能带着一个明确的战略和100%完成既定年度财务目标的承诺离开。前一年，他们由于一些非常合理的原因，错失了4%的目标，但董事总经理不希望这种情况再次发生。"您有兴趣达到目标的110%吗？"我们其中的一位教练问董事总经理，董事总经理回答说："您有在听我说话吗？去年我们只完成了目标的96%，我希望我们今年可以100%地达成，这样我就已经很满意了。"教练笑着回答说："您有在听我说话吗？您有兴趣在今年达成目标的110%吗？"总经理脸上掠过一丝微笑，他说："我当然希望能够达成，我只是想现实一点。"

有时，作为教练，我们需要去挑战我们的客户，帮助他们不要让"现实"——通常情况下是基于他们过去的经验的假设，阻碍他们去实现看上去有些"疯狂"的想法或梦想。教练建议他们一起设计一个"登月计划",去实现目标的110%,并保证这更像是一场比赛,而不是工作。董事总经理同意试一试,其实两位教练并不知道额外的10%的增长指标——大概是800万美元——的数字将从何而来,但他们相信,运用团队的潜力和集体智慧足可以达到这个数字。

在研讨会当天,一些参与者对"登月计划"感到担忧。教练们最终说服了团队成员,让他们将其视为一场比赛,并把整个领导团队分成了两个混合小组,每组六人。在他们进入各自的作战讨论室之前,教练们对每个人提出一个要求:"在大家进入到各自的讨论室之前,请先花5分钟,使用'停下—反思—写下来—说出来'工具写下您认为我们可以找到的这800万美元的哪怕是一小部分的所有想法,即使这些想法现在看起来有些疯狂,也请把它们写下来。"在5分钟的思考过后,小组成员分别进入到各自的作战室——每个作战室里都有一位共享领导力团队教练。

两个小组分别在不同的作战室里分享并交流想法,一个小时后他们带着各自的成果重新回到一起,并向另一个小组介绍他们的成果。令他们同时感到惊讶的是,他们发现他们实际上已经确定了一个1000万美元的潜在增长数字。董事总经理张大了嘴巴,团队中的大多数成员也是如此。当团队成员共同反思回顾这一切时,他们一致认为这主要归功于那5分钟的停顿反思(SRWR)的时间。在团队中,我们经常不假思索就开始讨论。而 5 分钟的思考时间乘以 12 个团队成员，就相当于 60 分钟的思考时间。思考才是真正的工作。

第二天，教练们设计了一个跟进环节，用一个详细的计划确保装在每个人的"口袋里的想法"都能转化为具体的行动方案：包括负责人、时间表和可靠的行动计划。这对团队和教练来说都是一次令人振奋的经历。它展示了当我们允许自己去梦想，花时间去思考、去挖掘我们的隐性知识，释放我们的想象力时，究竟会发生什么，这是由挑战带来的有趣力量。

我们作为教练所提供的方案非常简单。首先，我们建议大家使用最有效的工具之一：停下—反思—写下来—说出来工具，然后邀请大家将此任务当成是一场比赛。很多时候，我们常常心存疑惑，而这些疑惑会阻碍我们取得成功；通常情况下，我们只是需要一点推动力去梦想，找回我们在孩童时代具有的"为什么不"的精神，然后付诸实践。这也正是我们小时候能够学到很多东西的原因。当我们作为教练展示我们的真实性和我们的童真精神时，我们可以在团队工作中产生巨大的影响。在这个案例中，教练的挑战建议促进了创新，改善了团队的跨职能合作效率，提升了团队的共享领导力，当然还产生了其他的结果：

・增加了业务营收。

・提升了团队绩效。

- 增强了领导团队对自己能力的自信。
- 在整个集团内获得了更多的尊重。
- 认识到反思（思考）的力量，可以带来以上所有的结果。
- 强化了勇于挑战假设的力量。
- 另外，全公司员工获得了一次日本三天游作为奖励。

故事5：个人激情项目

在我们为一个欧洲客户设计并交付的共享领导力发展项目中，我们设计了一个"个人激情项目"。这个项目是对小组挑战项目的补充，它是指邀请每个参与者反思并确定一件小事，这件小事如果有人带头去做，就可能会产生巨大的影响。并且，个人激情项目需要同时满足四项标准，这四项标准很简单：

（1）有一个明确的目的和可衡量的结果；

（2）这个人对这项挑战有真正的热情；

（3）这个人会在项目期间，为这项挑战找到潜在的解决方案并制订计划；

（4）个人必须愿意把他/她的计划呈现给关键的决策人。

泰德，这个项目的参与者之一，确定了一个完全符合上述四项标准的个人激情项目。他用一个核心问题简单阐述了他的个人激情项目："我该做什么以减少公司无聊且浪费时间的会议？"他用自己的时间制定了一本建议书，并在一次会议上向首席执行官和高级领导团队表明了他对高级管理人员在没有明确目标或议程的会议上浪费的时间估算，以及由此导致精力和参与度的损失，同时他也介绍了自己的建议。高级领导团队以极大的热情和感激的态度接受了他的建议。他们把泰德的建议变成了公司政策，要求每一次会议，包括他们自己的会议，都要有明确的目的和议程，否则就不要开会。结果立竿见影，公司的会议变得更加高效、有用、聚焦，员工因此有了更高的参与度，取得了更佳的绩效结果。

这件事还有其他好处和收获：

·把挑战变成"赢、赢、赢"的机会（泰德、高级领导团队、所有员工）。

·提醒我们所有人——挑战可以带来积极的改变，我们首先要做的就是大声地说出我们的挑战。

·一个人就可以带来改变的力量。

·任何人都可以挺身而出，担任领导者的角色。

洞见

总之，这五个故事中讲述的"挑战"经历非常鼓舞人心：

·不断挑战现状。

·四个维度的挑战：自己、我们、他们、它。

·任何类型的挑战都可以转化为挑战者和被挑战者个体的学习机会。领导者必须乐于接受团队成员和同事的挑战。

·每个声音都很重要：请求、支持、倾听、认可、欣赏、回应和行动。

·挑战可以持续带来改变。

·挑战需要勇气、关怀和谦逊，需要对各种观点持开放态度。

·如果你不把自己看得过重，挑战也会很有趣。

·不要让眼前的现实和文化阻碍你的梦想。

·用具体的行动计划支撑你的梦想，并赋能你的拥护者。

·大声说出你的挑战，寻求或提供帮助，"帮助"是一个很有价值的词，却被用得太少，寻求或提供帮助永远都不晚。

·一些简单的团队流程，如"停下—反思—写下来—说出来"、"金鱼缸"对话、反思与对话和个人激情项目，就可以带来解决方案，既可以转化为具体的落地行动，也可以推动组织变革。尽量使用团队成员的问题和想法来找到解决方案。

·共享领导力确实有效。

09

行动准则背后的科学

> 我没有什么特殊天赋。我只是充满好奇。
>
> ——阿尔伯特·爱因斯坦（Albert Einstein）
>
> 出生于德国的物理学家

在前五章中，你学习了共享领导力 5 项行动准则中的"是什么"、"为什么"、"怎么做"和"洞见"。正如你所注意到的，每一项行动准则都可以使任何领导者在任何地方在任何组织层级创造必要的环境和条件，让每个团队成员能够坦诚沟通，积极参与，向前一步，全情投入，承担更多责任。

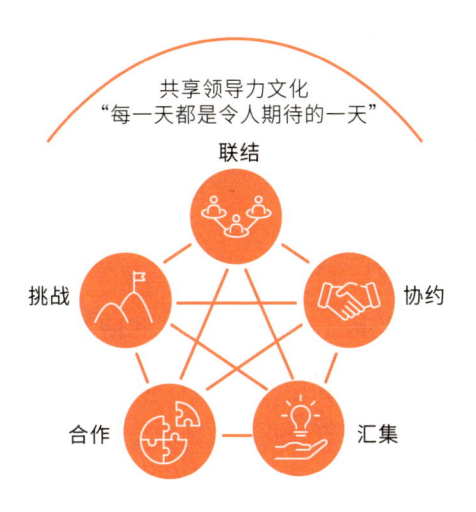

图 9-1　共享领导力 5 项行动准则

共享领导力行动准则之所以有效，关键在于其"以学习者为中心的操作准则"。这 5 项行动准则，以及共享领导力的团队教练工具，其中一些在本书中有描述，它们全部基于"行动—反思—学习"十大原则，这十项原则是建立在非常严格的研究基础上的。在本章中，我们不会深入讲述这十大原则，而是将主要讨论以下问题："ARL 十大原则是什么？"以及"它们为什么如此重要？"。

1986 年，我们和 MiL 决定将其新的领导力发展方式的名字从"行动—学习"改为"行动—反思—学习"。理由有两方面：

（1）我们认识到并认可"反思"在学习过程中的力量和

作用；

（2）将他们的行动学习实践与20世纪90年代初开始出现的其他行动学习实践区分开来。

2005年，他们（MIL）接受了三位学者伊莎贝尔·瑞曼兹、博里斯·德因（Boris Drizin）和鲍尔·罗贝特（Paul Roberts）的提议，采访LIM和MiL分散在世界各地的很多教练，以提取ARL背后的共同原则和实践经验。通过他们广泛的研究，三人提出了十项成人学习与发展的底层原则，使"行动—反思—学习"对团队学习更加有效。以下两本书详细描述了这些原则的经验应用：

（1）《行动—反思—学习：通过将学习与盈利联系起来解决实际商业问题》(Action Reflection Learning: Solving Real Business Problems by Connecting Learning with Earning)，由伊莎贝尔·瑞曼兹和厄尼·特纳合著；

（2）《团队教练的微触发干预技术：微小的动作带来重大的改变》(Gentle Interventions for Team Coaching: Little things that make a BIG difference)，作者厄尼·特纳。

我们认可并赞赏这三位研究人员的开创性工作，特别是伊莎贝尔·瑞曼兹，是她将这一切结合在一起。

"行动—反思—学习"十项原则

原则一:隐性知识

知识以隐而不见的形式存在于个体之中,它经常未得到充分利用,但可以通过引导性的内省来获取。

隐性知识是每个人一生中学习和积累的技能、知识、经验、见解和智慧的宝库,它通常不容易表达出来。"隐性知识"一词是由英国科学家和哲学家迈克尔·波拉尼(Michael Polanyi)在他的著作《个人知识》(*Personal Knowledge*,1958)中首次使用的。他说:"我们知道的比我们能讲出来的更多。"苏格拉底(公元前 469—前 399)把我们通常语境中的老师或教练描述为一个助产士,是她把隐藏在人们内在的智慧浮现出来。

我们通常并不知道自己知道多少,直到给我们几分钟的时间来反思和回忆积聚在我们大脑储物柜里的知识,如果把我们大家所有人隐藏的智慧一起浮现出来,我们往往比任何专家都聪明。邀请所有与会者停顿反思并写下与议程相关的想法或问题，我们将发现丰富的智慧。通常在会议或研讨会上，在几分钟的"内容输入"之后，我们会给与会者两分钟的暂停时间进行思考，随后邀请每位与会者分享与主题相关的见解、问题或故事。这一短暂的暂停时间为参与者提供了触达自己隐性知识再与他人进行分享的机会，使得团队的隐性知识可以清晰地浮现出来，并为整个团队带来新的启迪。

原则二：相关性

当学习对于个人或团队来说是主动的、重要的、和他们息息相关的、正是他们现在所需要的时，学习将得到极大的优化。

相关性原则是指学习应与我们正在面临的实际情况、挑战，甚至是每天萦绕在我们脑海中的问题相关。苏联心理学家莱弗·维果茨基（Lev Vygotsky，1896—1934），写过一篇关于情境学习的文章，即当前的情境是个体最重要的学习领域。用他的话说，知识是由新的概念和先前已有的概念交织构建起来的。美国教育家马科姆·纳尔斯（Malcolm Knowles，1913—1997）推广了"andragogy"一词，意为成人学习的科学与艺术。在他的《从教育学到成人教育学》（*From Pedagogy to Andragogy*）一书中，他对成人学习的一个重要见解是："当人们感受到需要学习某样东西以更好地应对现实生活中的任务或问题时，他们就为学习做好了准备。"

建立主题或陈述相关性的一个简单方法是问一个问题，例如，"您希望通过本次会议或研讨会回答什么问题？"。另一种简单而有效的方法是进行初步的谈话或调查，以发现参与者想知道或想做什么。如果会议或研讨会与参与者无关，那么他们就不会参与其中。

原则三：反思

深刻地从经历中反思的能力是学习过程中必不可少的一部分，它能够让人从特定的情境中获得更大的意义和知识。

学习中的反思是一个有意识且积极的过程，它通过退后一步回顾我们当前或之前的经历，有意识地触动我们的自我觉察与意识，让我们从当前或之前的经历中汲取更多意义、价值、洞察和知识。约翰·杜威（John Dewey，1859—1952），美国哲学家和改革家，被誉为"反思之父"。用他的话来说就是："我们并不是从过去的经历或经验中获得知识……我们是从反思我们过去的经历与经验中获得知识。"基于约翰·德威的研究，各种各样的反思模型已经发展起来。其中一个模型是大卫·库伯（David Kolb）的体验式学习圈（1984），它把学习分为四个阶段：一个人获得一种经历或体验；他反思活动过程中的经历或体验；他从体验中获得新的知识、理解和洞见，发展了新的技能；最后，他会尝试运用新的知识，测试新的技能。哈佛大学的唐纳德·舍恩（Donald Schon，1983）认为，反思是人们"在做一件事的过程中思考他们正在做什么"的能力，他认识到反思有两种类型：（1）反思行动，即在事情发生后进行回顾和反思；（2）在行动中反思，即在行动过程中反思，并决定下一步行动。

自1986年以来，LIM在与客户和教练的工作中都使用了"行动—反思—学习"圈（见图9-2）。

图 9-2 "行动—反思—学习"圈

通过反思我们做了什么或说过要做什么，我们可以发现我们应该持续做、开始做或停止做的事情。一个简单的做法是，在每次会议结束时分配一些时间进行反思，邀请每个人分享会议优点和改进建议，这样可以使下次会议的效率更高。如果这些见解得到应用，不久之后，会议或研讨会的效率自然会得到提升。也许我们创建的最简单和最有效的工具就是我们所说的"停下—反思—写下来—说出来"工具。顾名思义，它有四个重要步骤：停下（保持沉默）；反思（思考）；写下来（使用便利贴、日志或聊天框捕捉想法和问题）；说出来（与他人分享你的想法）。这样做的结果是惊人的，内向的人需要安静的时间和书写来进行最好的思考；外向的人则需要安静的时间，通过写下来帮助他们更好地整理他们想说的话。通过反思，团队可以创造更多更好的想法或问题，人们能更专注地倾听，因为我们大多数人不能同时倾听和思考。

这样做的结果是每个人都有平等的机会发表意见,领导者更容易听到不同的想法,这个过程就像魔法一样。

原则四:自我认知

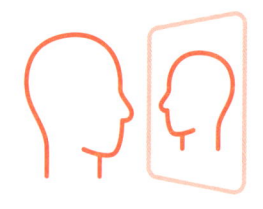

通过帮助人们理解自己的感受、想法、行为方式和自己对他人的影响来建立自我意识,这是提高个人职业能力的关键一步。

自我认知是我们如何看待自己的想法、感受、行为、价值观、优点、缺点,如何看待我们对他人产生的影响,以及我们如何理解他人是如何看待自己的。研究者们认为,成人发展的过程就是一个将自己的意识与无意识进行整合的过程,由此,自我认知与成人发展息息相关。约翰·洛克(John Locke,1632—1704)的《人类理解论》(*An Essay Concerning Human Understanding*,1690)是最早将"人类自我意识"进行概念化的。卡尔·荣格(Carl Jung,1875—1961)提出:"世界万物的治愈和改善都是从自身开始的。"有关自我认知的一个重要组成部分就是情商（EQ），丹尼尔·戈尔曼（Daniel Goleman）在 1995 年提出了关于情商的四个维度使其名声大震：自我认知；社会认知；自我管理；关系管理。

大量研究表明，高情商与表现之间存在相关性。毋庸置疑，在领导力教育和发展中，提升对自我的认知被认为是非常重要和有价值的。

提升自我认知的一个非常简单有效的方法就是寻求反馈。360 度反馈[1]是非常好的工具，但需要花费大量时间和精力。LIM 开发的工具快速焦点反馈[2]可以让一个 10 人团队在 30 分钟内互相给予并收获非常有效的反馈。另外一个共享领导力团队教练经常使用的方式是通过学习伙伴提供及时的观察和反馈，也非常有效。

1　360 度反馈是一种全面的绩效评估方法，指通过多个来源的反馈来评估员工的表现。这些来源通常包括员工的上级、同事、下属以及员工自己。360 度反馈的主要目的是提供一个全面的视角，帮助员工了解他们的优势和需要改进的方面，从而促进个人和组织的发展。——译者注
2　快速焦点反馈：通过结构化的流程，让团队中每个成员可以在短时间内轻松自在地获得团队中其他人对自己的反馈，同时也对团队中的其他人给予自己的反馈。团队可以通过经常使用快速焦点反馈工具，有效提升团队成员的自我认知，促进团队行为改变，同时加深团队成员彼此之间的深度联结。——译者注

原则五：整合、全人学习

人是思想、身体、精神、感受和情感的结合体，当他们的各个方面都被考虑、被珍视，并允许他们积极参与时，个体的反应与表现就会是最好的。

这一原则植根于人本主义心理学，其目的是关注人本身，强调个人的潜力、成长和自我实现的重要性。它表明，所有的学习都是以情感为基础的，我们的心智模式不仅是认知结构，还依附于更深层次的身份和感受。人本主义心理学的奠基人亚伯拉罕·马斯洛（Abraham Maslow，1908—1970）、卡尔·荣格和夏洛特·布勒（Charlotte Buhler，1893—1974）所带来的影响，直到今天仍然十分显著。

这一原则表明，学习不仅仅是发生在大脑层面的，它需要强化个体、团队和组织中所有人的"心""脑""手""身体"。我们有想法、感受、直觉，同时有意识地想运用这些做些什么。共享领导力团队教练运用反思与对话和讲故事这两个工具将这一原则付诸实践。学习的目的就是要不断挑战和转变我们的观点，这一过程有时是潜移默化的，有时又是戏剧性的。我们还运用包括研究与调查报告、反馈、对话等工具帮助个人和团队转变视角与模式。其中最简单有效的工具之一是 LIM 开发的同伴教练学习过程工具，这个工具使得任何人都可以轻松自在地同时向一个或多个同事、队友、朋友或家人寻求帮助，并能在 30—40 分钟内得到帮助，这一过程是可以催化改变与转型的。

原则六：社交学习

学习是通过社交互动产生的，因此，个体从他人那里学到的东西比自己能学到的东西更多。

社交学习源于美国心理学家阿尔伯特·班杜拉（Albert Bandura, 1925—2021）提出的社会认知理论（1977），他认为人可以通过观察他人来学习。我们被他人塑造，我们也在与他人的社交互动中塑造他人，大多数人的行为都是通过观察、示范和模仿他人学习来的。

自古以来，最简单、最深刻的学习方法之一就是与他人分享洞见、想法、问题、观点、感受和经验。共享领导力团队教练运用茶歇、分组讨论、午餐与晚餐对话以及"边走边说"等活动来发现和觉察团队中最真实的声音和正在发生的事情。由哈里森·欧文（Harrison Owen）开发的"开放空间"工具是一种非正式的、动态的会议方式，它将会议的形式改变成一系列自我组织的轻松自在的对话，在这样的对话中，真正的工作得以高效、有趣地完成。

原则七：系统思维

我们生活在一个复杂、相互联结、共同创造的世界，为了更好地理解和解决个人和组织的问题，我们必须考虑到不同的系统和环境，以及相互影响的背景信息。

这一原则植根于系统理论，由奥地利生物学家卡尔·路德维希·冯·贝塔郎菲（Karl Ludwig von Bertalanffy，1901—1972）提出。他假设任何生命系统的所有元素都是相互联结的，并形成了关系之网："系统思维处理的是整体，而不是独立的实体。"在行为科学中，这一原则出现在格式塔心理学[1]中，强调连通性和相互关联。在学习领域，彼得·圣吉（Peter Senge）的《第五项修炼》(The Fifth Discipline)提出，系统思维是使组织能够持续学习并保持竞争力的五项修炼之一。

个人、团队、组织、业务，所有的事物都是相互联结的系统，我们只需要运用这些联结来拓展每一种情境下可用的学习机会。由我们开发的五+系统模型（参见"05 共享领导力的行动准则2：协约"与"12 解决VUCA时代的困境"）是一个非常有用的框架，它允许领导者通过思考六个不同维度——业务、组织、团队、专业能力、个人和可持续性发展，从整体视角系统地考虑机会、后果和影响。

原则八：引导式学习

---

[1] 格式塔心理学是一种心理理论，强调将心理现象理解为有组织、有结构的整体，而不是各部分的总和。它假设人类大脑以整体的方式感知模式和结构，并影响我们如何解释感官信息和体验现实。——译者注

教学和技术方面的专家都有一个特殊的角色，就是优化个体和团队的学习。

当有一个人或几个人为学习提供支持时，学习的效率就会提升。埃德加·沙因（Edgar Schein）是麻省理工学院斯隆管理学院的前教授，也是组织发展领域的领导者，他引入了一个概念叫"过程咨询顾问"，指的是那些通过关注个人或团队执行任务的过程来支持个体或团队进行学习的人。

共享领导力团队教练有几个非常重要的角色：

（1）与客户共同设计会议、工作坊和发展项目的设计者；

（2）团队动态与互动模式的观察者；

（3）为团队提供及时性学习的引导者；

（4）团队教练、个人教练、团队导师和顾问。

在这些角色中，共享领导力团队教练运用"行动—反思—学习"十大原则设计团队教练方案并做出支持团队学习与发展的决策。一个深刻理解"行动—反思—学习"十大原则的共享领导力团队教练，在充分掌握了共享领导力团队教练工具包中的绝大部分工具（不是全部）后，将能够帮助任何组织的团队进行积极的自我转变，从而对他们的组织和业务产生积极的影响。

原则九：转换视角与模式

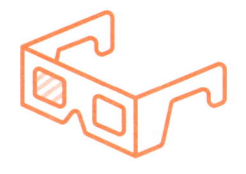

当个人改变他们习惯性看待世界的视角，最重要的学习就会发生，他们就有能力更好地理解世界和他人，有更强的自我认知并采取更加明智的行动。

模式之所以重要，是因为它们塑造了我们感知世界的方式，我们的认知模式成了我们解读与他人和世界互动的过滤器。苏格兰哲学家和心理学家肯尼斯·克雷克（Kenneth Craik，1914—1945）是第一个使用"认知模式"这个术语的人，他说："就好像我们的大脑里藏着一个小号模型用来预测事件。"普林斯顿大学的美国哲学家菲利浦·约翰逊-莱尔德（Philip Johnson-Laird）撰写过一篇关于认知模式的文章，研究并验证了我们推理背后的心智过程。组织发展的几位理论家，如克里斯·爱格瑞斯（Chris Argyris，1923—2013）、大卫·斯隆（David Schon）、彼得·圣吉和杰克·梅兹隆（Jack Mezirow）都曾写过揭示我们的思维地图和认知模式的重要性，它可以帮助我们提升自我认知，促进我们的学习和转变。

由碧尼斯·麦卡西博士提出的四种学习风格 4MAT 是一个

简单而有力的工具。它描述了人的四种学习偏好，使得我们的教练、老师和引导者们能够满足不同学习偏好人群的学习需要：

（1）喜欢问为什么的问题，对目的和缘由感兴趣；

（2）喜欢问是什么的问题，对概念和想法感兴趣；

（3）喜欢问怎么做的问题，对流程、方法和工具感兴趣；

（4）喜欢问如何应用的问题，对影响和应用场景感兴趣。

我们的共享领导力团队教练帮助团队中不同学习偏好的人共同发生学习和改变。在这个过程中，团队中的每个参与者的学习偏好都将得到满足，同时也会接触到其他三种同样重要的学习偏好从而扩展他们的知识范围。随着时间的推移和不断实践，曾经的模式会逐步发生转变，每个学习者在这四种学习偏好上都会变得更强。

原则十：重复和强化

熟能生巧，积极强化能促进同化。

这一原则源于行为科学，美国心理学家爱德华·桑代克

（Edward Thorndike，1874—1949）提出了强调结果的效果定律（Law of Effect），他指出："最接近于达成令人满意的结果的行为反应最有可能成为既定的模式，并在相同刺激的反应中再次出现。"另一位美国心理学家B.F.斯金纳（B.F. Skinner，1904—1990）发展了操作性条件反射理论，其中，重复反应的概率取决于该反应是被奖励还是受到惩罚。他引入了"强化"一词，表明被强化的行为会得到进一步加强，而没有被强化的行为会被削弱和减少。

> 同样重要的是，ARL原则有助于加速团队和个人的学习，当这些原则被内化并应用时，个人和团队就可以创造可持续的竞争优势。

随着年龄的增长，我们变得越来越有智慧，这并不是自然而然的事，它需要不断重复和强化，从有意识的练习到无意识的掌握。我们需要不断地练习、练习、再练习——从同事、学习伙伴、客户和导师那里获得认可、欣赏、反馈，这时强化就发生了。行动、反思、学习本身也是一种强大的欣赏方式，领导者、团队和团队教练会认可从新的行动和实践中获得的学习和那些做得很好的地方。

洞见

多年来,我们持续见证了这十条"行动—反思—学习"原则使我们的领导者们和共享领导力团队教练们能够有意识地将任何会议、研讨会、工作坊和"培训"发展项目转化为很棒的学习体验。当经验丰富的共享领导力团队教练应用由我们自研开发的共享领导力团队教练工具包或灵活应用改编自他人已创建的合适的概念、工具和流程时,每个原则都变得生动起来。

这种对定义学习的原则的深入了解,以及对实际概念和工具的熟练应用,将有助于在任何地方成功地发展共享领导力心智模式并打造更高绩效的团队。同样重要的是,当这些原则被内化和应用时,"行动—反思—学习"原则有助于加速团队和个体的学习,创造可持续发展的竞争优势。

图 9-3 "行动—反思—学习"十项原则

第三部分
共享领导力的应用
Opportunities For Application

10

实施有效变革

你如何改变，就如何成功。

——尼杜·昆宾（Nido Quebin）

北卡罗来纳州高点大学校长

新冠疫情对全球的影响难以估量。世界各地的国家、组织和人民都必须直面这一病毒给我们带来的挑战和机遇。如何在疫情时代仍能保持蓬勃发展？如何让组织乃至整个社会适应新的现实？我们知道新冠疫情不是我们将面对的最后一个病毒挑战，正如我们历史上一次又一次看到的那样，科学家也已经警告我们要为下一次疾病大流行做好准备。然而，我们也知道，尽管人类有很强的适应力，但人类往往更愿意维持现状；毫不奇怪，我们的员工也和大多数人一样，倾向于抵制改变。高德纳公司（Gartner）在 2021 年对 60 个国家的 800 多名人力资源负责人进行了一项调查，为人们抵制变革的可能原因提供了一些有趣的发现。他们的主要发现如下：

1.36% 的员工因变化而感到疲惫

这一发现并不让人意外。21 世纪的头 20 年里变化就从未停止，主要事件包括 2000 年互联网泡沫破裂、2001 年 9·11 事件、2003 年"非典"、2008 年的全球金融危机、新技术带来的行业数字化颠覆、新冠病毒大流行、全球人口的巨大变化、人工智能（AI）、全球范围内的政治冲突等，所有这些改变都会给社会、情感、政治和经济各方面带来巨大的挑战与机遇。

各个行业组织正积极或被迫推动变革，应对每一个挑战或机遇。战略和计划的改变往往需要组织进行重构和重组，而这往往会带来组织中巨大的"伤亡"——许多员工被裁员，而从重组计划中留下来的员工必须应付同事离职带来的心理压力和工作量。就在一切要开始安定下来的时候，另一个挑战又来了，我们又要做出更多新的改变。

这样的现象不足为奇，超过三分之一的员工对不断的变化感到疲惫，"改变"一词并不令人感到兴奋或刺激，对许多人来说，它反而会唤起他们对不确定性的负面情绪，如对失业的焦虑、恐惧等。

2.37% 的管理者不具备领导变革的能力

是什么导致员工消极对待"变化"？高德纳 2021 年的调查报告发现，近 40% 的管理者没有能力领导变革，这可能是造成员工产生负面体验的主要原因。首先，大多数变化一开始都会让人感到不舒服和压力，员工必须走出自己的舒适区来应对变化。有能力的领导者能够更好地带领和支持他们的团队，适应不断变化的地形，在有限的条件下，以最佳的状态抵达目的地。相反，由不具备推动变革能力的领导者带领的团队，很可能会遭遇到本可以避免的路障，在他们到达目的地的过程中造成不必要的时间和资源的浪费。

3.31% 的领导者和团队未能及时制定团队发展方案，以满足现实对团队技能不断变化的需求

领导者和团队的学习速度不够快，就无法满足现实对团队技能快速发展的需求，团队不堪重负是因为他们的技能发展速度跟不上变化的速度。而在大多数情况下，这种差距正在进一步扩大，如果没有必备的技能，改变就会变得更具挑战性。无论是现在还是未来，我们需要的是新的技能、态度和行为，无法成功实施变革的领导者会以这样或那样的方式付出代价，这些代价可能包括：

· 无效的变革给团队造成负面影响，并导致公司业务中断，或团队绩效下降。

・花费额外的时间、精力和情感能量来"修复"和"重做"变革计划或实施计划。

・团队成员士气低落，导致员工投入度降低或直接辞职。

・团队失去对领导者，甚至对整个领导团队的信心和信任。

失败原因

根据麦肯锡的研究数据，70%的变革努力没有实现既定的变革目标。失败的主要原因包括：

1. 变革不是由高层领导的

当高级管理层不积极参与，也没有明显的行为支持变革时，管理层就会缺乏聚焦和关注，所有业务条线就会认为变革无关紧要。任何组织范围内的变革，如果没有得到最高管理层的明确背书和支持都将很难发生。

2. 未能在早期邀请关键利益相关人参与其中

利益相关人可以是组织内部的，也可以是组织外部的，后者包括客户、合作伙伴、供应商和政府机构。没有这些重要人物的意见参与和承诺，变革方案就是不完整的。尽可能早地邀请关键利益相关人参与进来对变革至关重要，它将确保在整个变革的规划过程中能够听到、了解并考虑他们的利益、想法和重大关切。如果你忽视了他们，你就很难获得他们对变革的认同和支持。因此，在正确的时间邀请关键利益相关人及时参与是非常重要的。

3. 目的陈述不明确，且计划不够清晰

这一点与第一点有关，在组织变革过程中非常重要的一点是，组织中的所有层级都能够清晰地理解变革的目的和努力的方向是什么，并且大家对公司领导层对于每个职能部门的期望和每个人在变革中所需扮演的角色都有清晰一致的理解。

4. 害怕改变

心理学家、组织顾问哈里·莱文森（Harry Levinson）曾提出一个著名的假设："所有的变化都会涉及损失；而所有的损失都值得被哀悼。"除非组织领导承认，并制订计划来回应这些非常人性化的反应，否则变革计划就很难成功实施。当人们对改变充满恐惧，他们就会问："我们为什么要改变？""如果变革根本就没用会怎样？""如果我因此丢掉了工作会怎样？"除非及早解决这些问题，否则挥之不去的恐惧和焦虑将成为整个组织或正在经历变化的团队的拖累。

5. 没有足够重视让变革领导者掌握必要的技能和流程

需要领导并推动变革的领导者大多数情况下可能并没有接受过该如何引领并推动变革的培训，很多时候，他们只是被指派成为某项变革倡议的领导者，却没有适当的"武器"和"装备"。老板希望"他"能够从实践和现实的困难中不断了解和学习，然而如果在变革过程中，老板没有赋予"他"适当的技能和资源，这样的了解和学习的代价往往是巨大的，包括变革失败，以及变革领导者的信心和信誉受损。

6. 良好的开端，糟糕的收尾

变革失败的另一个原因是没有一个好的收尾。一些变革的努力在一开始时很高调，但由于缺乏后续行动和持续跟进，变革没有能够持续下去，甚至偏离了轨道。对于这些变革领导者来说，重要的是不断评估他们是否以及如何遵循或调整变革计划，需要改变什么，以及在后续的行动计划中他们需要学习什么。

运用共享领导力行动准则为变革保驾护航

运用共享领导力5项行动准则，我们将能更成功地实施变革，抱持这5项行动准则的领导者会很自然地具有包容性，邀请合适的人参与进来，倾听他们的声音，合作并共创变革方案，保持清晰的协约、承诺，带着良好的目的不断互相挑战。具体来说，他们会用以下不同的方式处理变革过程：

（1）尽早邀请团队共同参与。他们邀请并允许团队成员参与变革讨论。当他们意识到即将进行变革，并准备好如何向团队说明为什么需要变革的那一刻起，他们就会邀请团队共同参与变革。他们给团队成员的时间越多，团队成员就越容易接受变革。

（2）倾听所有人的声音。他们会尽一切努力在变革初期就倾听所有团队成员的声音，鼓励他们说出自己的想法。通常情况下，团队成员在变革初期几乎没有任何参与和建议的机会——这是在变革后期需要团队成员在变革实施过程中承担主要责任时，他们普遍表现冷漠的一个重要原因。倾听所有人的声音包括倾听每个人的想法、感受、情绪、状态的全部整体（"09行动准则背后的科学"中的整合、全人学习原则）。一个好的倾听技巧需要关注"W.I.F.E"四个方面：

Word（词语）：他所说的话，以及这些话背后的含义或意图；

Image（图像）：他的语言描述中所使用的图像或隐喻。视觉或脑海中的画面是很有力量的；

Feeling（感受）：他的感受和情绪；

Energy（能量）：他的能量水平和肢体语言，他们是否感到兴奋、乐观或是表现出负面情绪。

（3）创建伙伴关系。优秀领导者采取的另一个重要方法是邀请他们的团队成员共同设计和制订变革方案，他们会尽可能多地整合团队成员提出的不同观点和想法。这样做的好处是，领导者会向团队表明他随时准备接受来自团队成员的影响，并将自己视为变革过程中的伙伴，而不是老板。

（4）让学习成为变革过程的一部分。你学习的速度就是你改变的速度，你改变的速度就是你成功的速度。有效的变革领导者明白，和大多数工作过程一样，变革也是动态的，需要敏捷性来不断适应新的地形。这就需要整个团队，包括领导者自己，在计划和实施变革的过程中不断学习，随时进行调整并适应新情况。如前一章所述，要想在变革中取得成功，学习的速度必须大于或至少等于变革的速度，LIM 的十项"行动—反思—学习"原则和 ARL 工具有助于组织在不同层面加速学习。

学习的速度 ≥ 改变的速度

图 10-1 学习的速度大于或等于改变的速度

为了具体说明共享领导力的 5 项行动准则是怎么引领组织变革的，这里我们和大家分享一家位于新加坡的律师事务所的真实案例。该律师事务所在新冠疫情之后决定不再以实体办公的方式运营，取而代之的是全公司所有员工都采取线上办公的方式。由于新冠疫情的暴发，该公司的17名团队成员一直在家工作，并展示出可以通过线上视频会议有效运作的能力。基于公司希望未来主要服务于全球客户群的新的战略目标，公司的领导团队决定在公司推动一项战略转型，将公司从一家实体运营企业变成一家几乎100%线上运营的机构。

我们知道有无数的公司正在考虑实施变革，以抓住机遇或应对正呈现在他们面前的危机或挑战。在下述案例中，首席执行官麦克斯（化名）通过运用5项共享领导力行动准则推动并实施了这一次的业务模式变革与转型：

1."联结"的行动准则

首先，麦克斯采取了具体的措施，以确保公司这17名团队成员能够很好地在一起工作。他的首要任务就是确保他的多元化团队中的所有成员都能相处融洽，对他们因国籍、生活方式、年龄、任职期限和经验不同而产生的差异持开放态度。他要创造一种非常开放、有益的合作共担的文化，这样团队建立起来的纽带和信任将帮助他实现更平稳的变革。

如果团队成员之间的联结较少，信任度不高，麦克斯将不得不花更多的时间来帮助17名团队成员建立联结，增进彼此之间的了解。这不是一次性的活动，持续"联结"不仅会加强人际关系，还会增加团队成员之间的关心、关注和理解。

除了在个人层面上建立联结，麦克斯同时还花时间将团队的每个成员与公司的目标、使命、愿景和核心价值观联系起来。虽然这些对公司来说并不新鲜，但回归到基础，强调和更新团队的基本面，将有助于每个团队成员记住他们作为一个团队是紧密联结在一起的，并共同构建新的未来。

2."汇集"的行动准则

"汇集"的行动准则在推动、实施、管理变革的过程中至关重要，从团队成员那里汇集以下信息是一个很好的开始：

·理解并直面他们对变革将如何影响他们自己及他们所在的职能部门的内在希望、担忧、恐惧。

·收集并了解他们个人对变革的需求和感受，以及变革将对他们个人产生的影响。

·收集并了解他们关于变革过程各个方面的问题。

·了解他们关于什么可行，什么不可行的想法和建议。

·了解他们的学习意愿和目标。

一个能够彼此倾听，对不同想法保持开放而不妄加评判，不需要向彼此证明自己对问题的看法或评论是否正确的团队，无论对于领导者还是所有团队成员来说都是一种解放，这种心理安全感对于任何要在工作中取得优异成绩的团队来说都是至关重要的。

3."挑战"的行动准则

挑战就是鼓励组织、团队和每个团队成员以新的方式思考和行动。变革可能会违背一些人的意愿，他们可能看不到转变为一个完全的线上运营组织的必要性或好处。麦克斯必须激励团队，并找到改变他们的想法和内心的方法，挑战他们走出舒适区，并邀请他们冒险进入一种新的工作方式。同时麦克斯激励他的团队应该更加大胆、更加雄心勃勃，看到将公司业务数字化的紧迫性，并抓住正在发生的全球数字化转型大流行所带来的机遇。

在挑战的行动准则下，麦克斯同样允许他的团队成员向他或任何一位公司领导者发起挑战。麦克斯所采取的这种"我将保持开放，并愿意接受你的任何挑战"的态度很重要，它提升了团队成员说出自己想法和心声的勇气，增强了他们每个人的声音的影响力。

麦克斯知道，团队中的一些人仍然对变革缺乏信心，会默默地抵制变革，或者团队中仍有未说出来的想法和建议。于是麦克斯鼓励每个人都公开发声，他相信每一句出于良好意愿的话语都值得被倾听。麦克斯不想要一个"言听计从"的团队，遵循领导者或团队中大多数人观点的决策并不总是对组织或团队正确的决策。挑战的行动准则是支持合作的，即使有时它看起来似乎会朝着相反的方向发展。

4."合作"的行动准则

合作就是一起工作，共同设计实施、推动变革计划，让那些受到变革影响的人去共同探索可能的选项和解决方案，是培养团队成员面对变革时的主人翁意识和责任感的有力方式。这里的关键词是"参与"和"探索"，麦克斯已经准备好让他的团队成员一起讨论和探索如何让变革卓有成效并就此提出建议，他也准备好了在决策过程中与团队进行必要的讨论，交换意见，并进行整合与取舍。

合作包括发展并制定团队共同的愿景和方向。尽管麦克斯已经有了一个非常大胆的愿景，即他的律师事务所将服务于全球市场，但他还是选择邀请他的团队共同创造一个他们在乎并感到兴奋的愿景，麦克斯会小心翼翼地确保这是"我们共同的愿景"，而不仅仅是"他的个人愿景"。一个强大的共同愿景就像一块磁铁——它把每个人都吸引到这个共同的愿景上，让人感到振奋，为人提供能量，从而增加公司从实体机构过渡到线上运营模式成功的可能性。

5."协约"的行动准则

从宣布变革，到讨论和探索变革方案，再到做出决定，推动实施变革计划，协约的行动准则贯穿于变革的整个过程。

变革刚开始，麦克斯让他的团队就他们在讨论、探索和准备变革过程中所需遵循的团队规范达成一致，其中一些团队规范包括"相互尊重"、"直言不讳"和"100%担责"。另一个做法是与团队商定让一些团队成员承担某些特定的角色和责任,例如,让某人担任项目经理或项目协同的角色等。

每次开会,麦克斯都会确保就每次会议该如何进行、后续行动、时间表和可交付成果与会议成员达成明确的协约。当新的组织与架构明确后,麦克斯会与组织中的每个人就各自的角色、职责与产出签订协约。协约的行动准则将确保在整个变革过程中团队成员与整个团队始终存在清晰的共识、组织一致性和承诺,每当出现不一致时,团队规范将授权任何团队成员提出问题并解决它。

麦克斯尽一切努力确保他的所有团队成员在整个变革过程中——从计划到实施——都应用了这 5 项行动准则。随着他们在共享领导力方面的实践越来越多,这 5 项行动准则对他们来说变得更加自然、顺利,改革之旅也变得更加愉快。他们不仅成功地转型为线上运营企业,团队本身也从内部进行了转型。这 5 项行动准则已经成为他们作为专业人士、团队、组织和企业的默认运作模式。共享领导力已经成为他们的新文化。

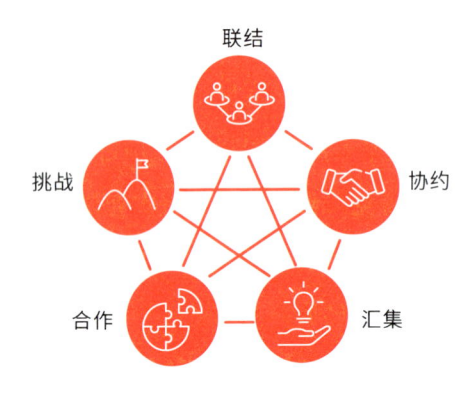

图 10-2 共享领导力 5 项行动准则

洞见

许多领导者认为他们扮演着"管理"、"领导"或"推动"变革的角色。这些词意味着自上而下或正面引导的方法，也意味着领导者是占据驾驶员位置的人。但我们的观点是，尽管领导者对工作的结果负责，但他不需要、也不应该试图承担所有的责任。根据我们的经验，更有效和更可持续的方法是共享领导力，这种领导力依赖于以下要素来实现成功的变革：

> 许多领导者认为他们扮演着"管理"、"领导"或"推动"变革的角色。这些词意味着自上而下或正面引导的方法，也意味着领导者是占据驾驶员位置的人。

1. 领导力和责任是共享的

推动变革的领导者对变革结果负有最终责任，但他并不是变革的唯一拥趸。领导者和团队成员共同拥护、推动变革，并为此承担全部责任，确保成功制定并推动实施变革方案与计划。

2. 包容和参与是团队的纽带

领导者从一开始就邀请整个团队参与变革，这将确保团队从变革的概念化和形成阶段就开始接受变革，让变革有一个良好的开端。

3. 所有的声音和感受都能被听到和了解

领导者承认他重视每一个人，并鼓励成员表达和倾听彼此的想法和感受。要做到这一点，团队的每个成员都必须有心理上的安全感和空间来影响和塑造变革，在不同的时候能够大声疾呼并向前一步，以确保变革过程的一致性和有效实施。

4. 使学习成为变革过程中不可或缺的一部分

领导者认识到在变革过程中整合和实施"行动—反思—学习"原则和流程的重要性和力量，拥有这样的心态和行动准则将确保团队的学习曲线与变革曲线是同步的，甚至超越变革的曲线。团队学习的速度和质量将在很大程度上决定设想的变革结果将会多快、多好地得以实现。

5. 持续发挥 5 项共享领导力行动准则的作用

真正的力量和收益是当领导者把共享领导力的 5 项行动准则付诸实践时团队的表现。就麦克斯的情况而言，这 5 项行动准则的应用无须墨守任何严格顺序，采用哪种行动准则完全取决于当时的情况、需求和目标，重要的是把这 5 项行动准则放在我们的头脑中，并适当地加以应用，这就是 5 项行动准则的美妙之处。通过 5 项行动准则，你可以加强变革过程中领导力的共享，并可以得到以下结果：

- 在组织和团队层面提高组织和团队的绩效。
- 在专业和个人层面提升满意度。
- 在业务层面上获得更高的投资回报和更高的盈利能力。
- 最终为公司的可持续发展做出贡献，并创造一个更美好的地球。

11

领导混合式团队

> 新冠疫情已经突破了文化和技术障碍，引发了工作的结构性转变。
>
> ——麦肯锡全球研究所

在新冠疫情大流行之前，办公场所是必备的，我们大多数人都有固定的工位；而另一些人则使用"流动工位"，这意味着他们虽然没有固定的工位，但可以使用任何空着的工位，二者的默认模式就是在办公室工作。在某些情况下，一个人必须出现在办公室，以杜绝"脱离管理视线，疏于工作"。

许多努力工作的员工把办公室当成自己的第二个"家"，他们每天会在办公室里待上 10—16 个小时，剩下的时间则用来通勤、睡觉和补充能量，然后再回到办公室开始一天的工作。难怪企业愿意在办公环境上投资，以帮助员工保持快乐、高效、自在的心情，就好像在"家里"工作一样。

随着新冠疫情暴发，我们与办公室的密切关系被永久性地打乱了，"我们必须在办公室工作"的思维模式被许多人抛弃。当为控制新冠病毒传播不得不采取大规模和反复的封控时，人类的韧性和创造力也被凸显出来，我们所有人都成功地证明了在家工作也是一个同样不错的选择。

随着在家工作经验的增加，新的规范和习惯已经形成，我们中的许多人已经习惯了在办公室以外的地方工作，这样省了通勤时间，我们可以花更多的时间和家人在一起，我们中的一些人为了更便宜的房租和更高质量的生活搬到了郊区居住。

《哈佛商业评论》2020年8月刊登的一项研究表明，在家工作的人能够专注于真正重要的任务，被评为"无聊"的任务数量下降了一半——从27%降至12%，人们通过个人选择多做了50%的工作。

根据波士顿咨询集团和关系网的研究，在新冠疫情暴发后，89%的员工期望每周至少有一段时间可以在家工作，这一发现来自对190个国家近20.9万人的调查。这项研究清楚地表明，10个人中有9个已经不想回到新冠疫情前的日子了，他们希望每周能有一部分时间在家工作。换句话说，混合工作模式成了许多组织的新常态。

第三部分　　　　　　　　　　　　　　　共享领导力的应用

为什么这对领导者很重要

历史上的某些时期改变了人们的工作方式和整个社会。工业革命把人们从农场带到了工厂，互联网的发明创造了一个全球化的世界，人们发现自己要么在办公室里工作，要么忙着在不同的国家和城市之间穿梭，工作时间更长了，工作也更辛苦了。新冠疫情对人类生活方式的改变被视为人类历史上一次千载难逢的革新，这一次，它把家和家人带回到人们生活的中心，从而从根本上改变了我们工作的时间、地点和方式。具有讽刺意味的是，在家工作的"实验"取得了巨大成功，人们无法再回到新冠病毒大流行前的工作方式了。因此，许多组织正在采用混合式的工作安排，例如，三天在办公室工作，两天在家工作，这对领导者的启示是：

1. 领导者的风格必须调整

必须调整领导风格以适应混合办公模式。当团队成员都在办公室时，管理者可以临时召开快速团队会议，走到团队成员的办公桌前讨论工作进度，面对面交谈聊天，轻易地进行视觉管理——看看每个人是不是都在忙着工作；而当团队成员不能同时出现在工作场所时，有些领导者会感到不舒服，甚至会焦虑。

2. 混合运营的团队必须就团队规范达成一致

规范是对态度和行为的期望。当团队成员之间不经常见面时，就需要制定新的团队规范，不能定义和就新的团队规范达成共识会造成团队成员之间不必要的摩擦和压力。一个常见的抱怨是，当人们在家工作时，他们的工作与个人生活之间的界限变得模糊，感觉自己在家工作的时间越来越长，个人空间越来越小，而领导者是造成不稳定环境的重要原因之一。我们在新加坡的一家客户公司的高管经常在晚上9点到10点召开团队线上会议，他的理由是：他白天的工作时间都被无休止的内部和外部会议占据了，只有晚上他才有时间和自己的团队讨论团队面临的工作问题。由于他没有管理好自己的时间，也没有和团队建立清晰的团队规范，这给他的团队成员带来了很多不必要的压力和挫败感。

3. 需要新的技能和工具

在面对面管理时行之有效的技能，在管理混合团队时未必奏效。以沟通技巧为例，当我们与某人进行面对面的沟通交谈时，我们可以看到并感受到他整个人，包括他的肢体语言、情绪和能量。而当我们与人在线上进行沟通交流时，我们通常只能看到他的面部表情。有时候甚至只有声音。因各种各样的原因，有些领导者在召开线上会议时并不要求所有人打开摄像头，这不仅更难"看到"会议室里的人，也使得与会者在会议期间可能正在同时处理多项工作任务，甚至在参与其他活动，领导者需要新的技能和工具在这样的工作环境中为他导航。

领导混合团队的挑战

领导混合团队会给领导者及其团队带来以下挑战：

1. 信任和信心的挑战

在《哈佛商业评论》于2020年发表的一项研究中，相较于在工作场所工作，38%的受访经理表示对他们的团队成员能够在远程工作环境下保持有效工作缺乏信任和信心。领导者缺乏信任和信心被认为是混合工作模式的核心问题。

如果缺乏对团队成员的信任和信心，领导者通常会倾向于微观管理，把时间和精力集中在过程管理上，对每一步下达指示，以便团队成员能够依照他们的期望完成工作。这种方法只会鼓励团队成员成为"顺从者"，加剧信任赤字，导致团队士气的低落和敬业度的下降。

艾伦（化名）是我们的一个客户，他曾在上海担任区域人力资源总监，并向驻伦敦总部的首席人力资源官汇报工作。大多数时候，他的伦敦老板总是会写很长的邮件，详细地说明他希望艾伦做哪些事情，需要采取的步骤和行动是什么。起初，艾伦试着提出他自己的建议和想法，但很快艾伦就知道不需要再浪费时间和精力了，因为他的老板是一个微观管理者，他觉得除了他自己，没人知道该做什么、怎么做。最终的结果是：艾伦学会了在任何事情上都等待他老板的指示，而不是主动提案，主动地预见问题、解决问题并做得更多。艾伦的老板成功地扼杀了艾伦对这份工作的激情、创造力、自主意识和责任担当，他不相信艾伦的能力。

其实，这样的情况每天都在各个组织中不断重复发生。那些微观管理者很快就会变成救火队长，团队里的所有团队成员也会很快都变成艾伦，但微观管理者们却没有足够的精力和时间去告诉公司里所有的艾伦到底该做什么，怎么做。这很快会导致离职率升高和员工士气低落的结果。最终，生产力和盈利能力都会受到影响。我们已经在许多组织和企业中目睹了这样的失败。

2. 让团队成员坦诚直言、全情投入并拥有更多主人翁意识的挑战

"在召开线上会议时，我的团队成员都不愿意说话。我怎样才能让他们更愿意发言，更积极地参与呢？"

对于习惯面对面交流的领导者来说，这是一个非常普遍的挑战。我们的客户吉姆（化名）是在马来西亚一个市政部门工作的市场营销部门的负责人，他领导着一个由14名团队成员组成的团队，他们都在新山（又名柔佛巴鲁）当地的居

民区工作。在新冠疫情暴发之前，每当他召集会议时，他的14名团队成员都需要从新山赶往总部办公室开会。

新冠疫情彻底改变了他的会议方式。他只能召开线上会议，然而他立即经历了以下挑战：

·只有少数人会参加讨论。每次会议上，他发现自己都是说话最多的人，因为很少有互动。

·当讨论到具体问题时，他无法让他的团队成员参与进来。他的团队成员只是习惯性地等待他的指示。

·更糟糕的是，在他所在的组织，线上会议的潜规则是所有人都关闭摄像头，只给他留下一个黑屏，他经常感觉自己是在对着一面墙自言自语。

吉姆能做什么呢？如果你是吉姆，你会怎么做呢？

3. 管理老板和高层领导者的挑战

当你的老板（包括高层管理人员）和你在同一个办公室办公时，你就有机会与他们进行面对面的接触与互动，包括在他们的办公室、走廊，甚至是在洗手间进行一些快速交谈或分享一些最新的信息。出现问题时，你也可以很容易地在他们的办公室里找到他们并讨论该如何推进。

可一旦你、你的同事和你的老板远程办公，这些机会就消失了。你的主要工具是电子邮件、微信、钉钉、飞书、电话和视频会议。

鲍勃是曼谷一家负责多媒体娱乐项目的部门主管，他对分散在欧洲和亚洲不同地区的高级管理团队感到失望。他曾事先提醒过高级管理团队，由于人手不足，他负责的一个项目将无法如期交付。在一次季度线上管理会上，鲍勃在进行季度项目汇报时，区域首席执行官没能更好地了解鲍勃的处境，就直接表达了对鲍勃的失望，鲍勃感觉自己在整个高级管理团队面前丢了面子和信誉，直接进入防御状态。会后，经过自我反省，鲍勃意识到自己没能很好地管理好老板。这可能就是在家工作的挑战。如果你是鲍勃，你会如何更好地管理你的上级领导层呢？

4. 太多会议和长时间工作的挑战

这是员工在家办公最讨厌的事情之一。在办公室里，你可能已经习惯了人们会时不时地来找你讨论、寻求帮助或从你那里拿东西，甚至玩笑、笑话和流言蜚语都可以是每天工作的一部分。当你离开办公室的时候，你一天的工作就结束了，第二天，你的工作再次开始。尽管你的工作时间越来越长，但工作和下班之间还是有明确的界限的。

而在家工作时，你可能会被邀请参加没完没了的会议。所有需要找你讨论问题的人都会安排和你一起开会，我们都变成了"会议族"。共享日历有很多好处，但也有一个重大的缺点——你不能自由控制自己的时间。罗致恒富公司高级执行董事鲍尔·麦当尔德（Paul McDonald）表示："尽管在家工作为员工提供了更大的灵活性，但它也使断开连接变得困难，许多人为了应对不断增加的工作压力，不得不持续处理业务和客户的需求，但每个人都需要时间休息和充电，才能发挥自己的最佳水平。"

爱因斯坦曾经说过："我们不能用制造问题时的思维方式来解决问题。"如上所述，管理混合团队的挑战不能用我们目前的思维模型来解决。如果我们继续使用同样的食谱，我们将生产出同样的食物、同样的味道。我们有更好的方法领导和教练混合团队。

共享领导力行动准则如何对领导混合式团队产生影响

从本质上讲，共享领导力 5 项行动准则创造了团队环境和期望，允许团队中的每个成员：

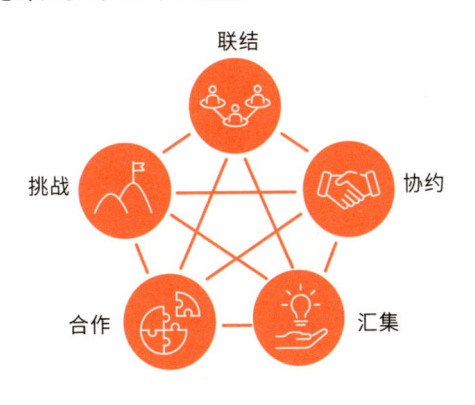

图 11-1 共享领导力 5 项行动准则

1. 被重视和尊重

"联结"的行动准则确保了团队成员之间的人际联系。在每次会议开始时，都分配时间进行简短而丰富的交谈，这样做能让成员之间更好地了解和理解彼此，而不仅仅是作为同事或伙伴。

2. 安心做你自己

大多数人在真实地做自己及自己和他人产生联结时表现最好。"联结"的行动准则创造了心理安全感，使"协约""汇集""合作""挑战"的行动准则得以发展和实现。

3. 团结一致并主动担责

"协约"的行动准则确保所有团队成员都能清晰地认识到工作的目的和任务是什么、为什么以及该如何完成。不管你在办公室或家里待了多少天，只要有正确的协约，就可以更容易获得团队成员的协同和承诺，并确保大家的责任担当。

4. 包容和完整

这5项行动准则确保团队中的每一个成员都被记住、被包容并能够参与其中。在混合团队中，那些不在工作现场的人的意见和声音很容易被忽略。而确保每一个人的声音都能被听见是至关重要的，因为这展现了你对团队成员的重视程度。

他们的参与也会带来他们对自己的工作任务和目标的认同感、投入度，为团队创造更大收益和产出。

5. 成为共同的创造者、共同的所有者与合作者

"合作"和"挑战"的原则打破了团队内外个人之间的隔阂，将团队内外的不同成员聚集在一起。有心理安全感的团队成员会相互支持和鼓励，挑战现有的做事方式，找到新的解决方案。共创的过程使所有的团队成员树立了更高的使命感和自主意识，同时提升了参与感，使团队更具凝聚力，实现更高的绩效和成果。

你可以使用我们在"04 共享领导力的行动准则1：联结"和"08 共享领导力的行动准则5：挑战"中介绍的一些工具和想法来让每个共享领导力行动准则变得生动起来。你也可以参考使用本书末尾的摘要。

洞见

对许多领导者来说，面对面领导一个团队已经是个难题。而当他们正在努力学习解决这一难题时，另一个难题又出现在他们面前。我们经常被领导者们问到的一个问题是："当我不能经常见到我的团队时，我该如何激励和教练我的团队，

让他们取得更高的绩效结果？"我们需要做的首先是接受我们正处于一个新常态，并认识到我们不能再用旧的方法来应对新的情况。肯定有更好的办法激励和教练我们的团队。共享领导力不是简单地说我们应该这样做或那样做，它需要学习和实践。共享领导力的5项行动准则就是帮助任何领导者让他的混合团队变得更高效、更投入、更有趣的新的方法。

> *我们需要的是首先接受我们正处于一个新常态，并认识到我们不能再用旧方法来应对新的情况。肯定有更好的方式来领导和教练我们的团队。*

作为团队领导者和团队教练，我们需要向我们的混合团队发出真诚的邀请，寻求他们的帮助并与他们共享我们的领导力，邀请他们和我们一起，共同创造一种新的工作方式。

12

解决 VUCA 时代的困境

用昨天的方法解决不了今天的问题。

——阿尔伯特·爱因斯坦 物理学家

领导者的作用是领导和影响一群人，最终实现共同的目标。为了做到这一点，领导者就要不断地进入并参与到计划、组织、领导、沟通和激励员工的过程中，以确保员工有足够的清晰度、承诺度和精力来完成工作。在实现目标的过程中，领导者和其所带领的团队需要解决大量的问题，大的小的、意料中的和意料之外的。

在 VUCA 时代，解决问题和做出有效决策的能力无论对于领导者还是其团队成员来说都是不可或缺的。由世界经济论坛发布的《2020 年未来工作调查报告》明确列出了到 2025

年未来最重要的 15 大核心职业技能，有趣的是，15 项技能中有两次提到了"解决问题的能力"（见表 12-1 的项目 3 和 10），这突出了这种能力的重要性。

表 12-1 未来最重要的 15 大核心职业技能

1	分析思维和创新	9	韧性、抗压性和灵活性
2	主动学习和学习策略	10	推理、解决问题和思维能力
3	复杂问题解决	11	情商
4	批判性思维和分析	12	故障排除和用户体验
5	创造性、原创性和主动性	13	服务导向
6	领导力和社会影响力	14	系统分析与评估
7	技术使用、监督和控制	15	说服和谈判
8	技术设计与程序设计		

资料来源：世界经济论坛《2020 年未来工作调查报告》

本章着眼于如何运用共享领导力的方式和方法更好地解决 VUCA 时代的困境。

复杂的世界

威尔士管理顾问大卫·斯诺登（David Snowden）将世界上的问题分为四类：

（1）简单的；
（2）困难的；
（3）复杂的；
（4）混乱的。

简单的问题是指可以使用最佳实践或程序解决的常规问题。

困难的问题是指人们知道该问什么问题，但是不具备解决这些问题的专业知识，解决的办法就是让具备专业知识的专业人士参与进来。例如，如果你想自动化你的生产流水线，你就聘请具有专业背景的自动化专业工程师。

复杂问题是指具有很多不知道的"未知因素"，你甚至不知道应该问什么问题。一个很好的例子是新冠病毒大流行期间一波又一波的感染，因为有太多的未知因素，各国政府不得不"试验"各种行动来遏制病毒。随着他们对病毒了解的不断深入，获得了更多的反馈数据、知识和经验，包括学习了解其他各国的经验，他们开始不断调整优化自己的应对行动。

对于混乱的情况，事情变得疯狂且失控。起初的首要任务仅仅是控制住问题，然后寻找真正的解决方案。最初的新冠疫情就是一个很好的例子，各国政府的反应首先是迅速关闭边境和封锁城镇，以遏制疫情蔓延，同时疯狂地寻找更多基于科学的数据和解决方案来应对许多未知和不确定性。

大多数时候，领导者都在解决困难的和复杂的问题。了解我们要解决的问题的类型是很重要的。有些组织倾向于聘请外部专家和顾问来快速解决企业内部的问题，但有些时候，这让许多内部员工感到懊恼。伊万是一家跨国公司的部门负责人，他的公司花了100多万美元请一家全球顶级咨询公司来解决他们正在面临的一个复杂的问题，咨询顾问到他们公司收集员工的意见和想法，然后，加入了一些他们自己的见解和意见，再将这些信息进行整理，以光鲜靓丽的方式将这些信息呈现出来。咨询顾问非常善于提出问题，收集信息，听取建议，再将收集到的信息和建议整合起来赋予其价值和意义，并向客户呈现出来。而伊万认为，其实公司利用他们的内部资源也可以做同样的研究，只需花费100多万美元的零头，就能取得更好的结果。

然而现实情况是，我们并没有充裕的财务资源来聘请外部顾问。此外，虽然外部顾问可以为"复杂"问题提供专业知识与建议，但在解决"复杂"和"混乱"问题方面，他们并不一定会比我们自己和内部团队做得更好。我们自己的员工可能比外部人员更了解企业运营的环境和背景，并能确保解决方案能够成功落地实施。

通常情况下，领导者被鼓励运用外脑"跳出"自己的思考框架去寻找更专业的或创新的解决方案。然而我们已经意识到，很多时候，有效的、专业的、创新的解决方案也可能就在组织内部。解决问题的方案和想法很多时候就在从事实际工作的员工的脑海里，只是需要我们使用正确的方法和工具来挖掘他们的想法和解决方案。

5+ 系统模型

领导者常犯的一个错误是，没有全面或系统地考虑什么是能够满足所有关键利益相关者期望的结果。

在解决问题时，无论是一个常规性的问题，还是困难的、复杂的、混乱的问题，我们都不能从单一的维度或视角，而是需要从多个维度或视角去寻找有效的解决方案，达成想要的结果。问题是：我们需要从哪些维度考虑问题呢？许多领导者即使在已经找到了问题的解决方案时仍然会遇到问题，因为他们很快发现这个问题的解决方案没有办法满足某些利益相关者的期望。

领导者常犯的一个错误就是，没有全面或系统地考虑什么是能够满足所有关键利益相关者期望的结果。当问题出现时，领导者通常会立即做出反应，专注于解决迫在眉睫的问题，而忽略了从更高、更广泛和更深的角度去评估问题，解决挑战的压力使他们没有时间停下来反思。当领导者没有系统的模型来帮助他们从战略层面全面而系统地思考所面临的挑战时，这种失败可能会更加严重。

在思考过程中能为我们提供帮助的一个有用的思考框架模型是 5+ 系统模型。领导者可以使用这一工具从六个维度思考影响、结果、价值和意义，从而采取更广泛、更全面的方式来应对挑战。我们曾在 "05 共享领导力的行动准则 2：协约" 中提到过这六个维度，在这里重提这六个维度与系统性解决问题相关，这里也强调了 5+ 系统模型在领导和团队教练方面的重要性。

图 12-1　5+ 系统模型

1. 业务维度

这一维度主要关注业务使命（组织要做什么）、目的（为什么要这样做）、愿景（期望的未来图景）、客户和合作伙伴（谁是一起做生意的人）、商业模式和战略（如何获取利润和 /

或如何提供服务和价值）的清晰度。主要利益相关人包括股东（所有者）、董事会成员、外部客户、合作伙伴、员工、供应商，有时还有非政府组织和政府机构。这个维度能让领导者识别他们的业务挑战，并详细说明所需的业务结果。

2. 组织维度

该维度侧重于将业务使命、愿景、价值观、战略目标执行落地的组织和架构，关键驱动力包括建立组织的领导力、文化、价值观、系统、政策、人员结构和奖励机制。它的成功主要用组织有效性、效率、生产力、质量、人才保留、员工反馈和财务回报等维度来衡量。它的一个重要结果是能够有效地协同组织内部不同职能、部门和团队之间存在的巨大差异性。

3. 团队维度

每个团队都有其存在的目的和任务，也应该有其规范、流程、目标和指标。所有这些都需自然地反映出更广泛的组织目的和方向。这一维度主要关注的是团队希望如何在一起展开工作，如何实现"1+1>2"，取得实际的进展和成功，包括如何应用共享领导力的行动准则，一起创建有效的团队文化和规范，以及为了提升团队绩效曲线，发展必要的团队技能。

4. 专业维度

这一维度主要关注每个团队成员的专业能力，包括是否具备适当的专业能力、学习和成长的动机和发展计划。

5. 个人维度

个人维度侧重于将每一位团队成员视为一个独特的人。每位团队成员都是带着个人的希望、梦想、好恶、需求和愿望，为他们自己、家人、朋友、社区而加入组织团队。

6. 可持续发展维度

可持续发展维度有两重含义：

（1）我们整个地球的可持续发展。任何组织的决策都可能产生环境和社会问题或给我们的生态环境或社会创造更多可能性。当我们作为组织或个体进行决策时，我们应考虑为我们自己及我们的后代保护好我们的地球、环境和人，并创造可持续发展的具体成果。

（2）从经济收益（业务）、组织、团队、专业和/或个人维度来衡量并维持组织的可持续发展。

使用诸如5+系统模型这样的多维方法来看待问题并解决问题是很重要的，因为它承认我们是在一个更大的系统中运行，各部分之间高度关联又相互依赖。一个解决方案在一个维度上可能非常有效，但在其他维度上可能会产生负面影响或冲突。通过使用 5+ 系统模型，我们最大限度地提高了我们解决问题和决策的能力，也能用更系统的眼光看待挑战和机遇。

·例如，要求员工长时间工作可能是解决团队人力不足的有效解决方案，但从组织、专业能力、个人和最终的业务维度来看，这是不可持续的。更长的工作时间对员工的个人生活将造成影响，他们可能因此产生健康问题，或工作效率低下、倦怠、士气低落，或开始厌恶自己的工作，离开公司，而有人离职可能会产生多米诺骨牌效应，导致留下的人承受更大的压力，继而导致更多的人离职。为了完成我们的目标使命，我们必须坚持系统思维，整合不同维度。

·再如，一家公司可能认为，把化学废料倾倒在一条偏僻的小河里就解决了生产废料的处理问题。然而这些化学物质不仅危害了河流及其生态系统，还释放了有毒气体。这是东南亚国家一个小镇的真实情况，有 6000 人受到影响，其中 2775 人需要住院治疗。这样的例子在世界很多地方已经发生，而且仍在发生。我们所有人都直接或间接地受到了影响。我们在同一个地球生活。

我们将在"15 实现战略重点——可持续发展"中探讨可持续发展这一关键维度，包括领导者在解决问题、实现目标的过程中应该如何思考和行动。

为什么具备共享领导力的团队能更好地解决复杂问题

在高度 VUCA 环境中运作时,与使用自上而下领导模式的团队相比,具有共享领导力的团队拥有以下六个方面的优势。

1. 团队信任度更高

复杂混乱的形势需要创新的解决方案和行动。如果领导者和团队成员之间没有高度信任作为基础,团队就有可能陷入无休止的争论中,团队成员也不再愿意分享他们真实的想法和感受。在复杂混乱的局势中,领导者很难对高不确定性带来的变化迅速做出反应,并制订有效的计划。即使领导者有了一个很好的计划,缺乏信任和团队共识也会成为成功实施计划的绊脚石。信任不是一蹴而就的,也不是随心愿就能获得的。

如果团队能每天践行联结、协约、汇集、合作和挑战这 5 项行动准则,随着时间的推移,团队成员将加深彼此之间的信任,能够更开放、更愿意坦诚沟通,并说出自己真实的想法和感受,对团队目标也会有更高的认同度与承诺度,并在解决问题的过程中更愿意尝试新的方式和方法。

2. 集体智慧

复杂混乱的局面会导致不确定性,而不确定性又会导致信息的不清晰、不完整。此外，不确定的环境和氛围也会给团队带来挥之不去的恐惧，即如果不马上采取行动，情况可能会变得更糟。

在这种情况下，能够快速挖掘出团队集体智慧的能力是至关重要的。熟练掌握"汇集"行动准则的领导者已经向团队展示了一个行之有效的流程，即在短时间内可以有效听取并收集所有人的声音与建议。此外，这种集体智慧不仅仅局限于团队内部。

就像一个同心圆，"汇集"可以从团队中心扩展到外部的各种利益相关者。《圣经·箴言》中说："不先商议，所谋无效；谋士众多，所谋乃成。"

> 团队每天践行联结、协约、汇集、合作和挑战这5项行动准则，随着时间的推移，团队成员将加深彼此之间的信任。

3. 勇于尝试新事物

复杂的情况需要新的思维。如果没有一些相关的先例来做指引，我们就无法依靠过去得到答案。值得注意的是，在世界经济论坛列出的15项未来最重要的核心技能（表12-1）中，有两项重要技能涉及尝试新事物：分别是第5项"创造性、原创性和主动性"、第 9 项"韧性、抗压性和灵活性"。这两种技能都需要你有勇气承认自己知道什么和不知道什么，并邀请你的团队成员共同创造新的解决方案，进入新的领域。在这个过程中，领导者需要有不断提出挑战的勇气，欢迎和邀请所有的声音，包括反对的观点和想法。当领导者表现出他"乐于接受挑战"的态度时，就为团队成员创造了更深层次的心理安全感。由此产生的行动计划，虽然是新的和未经尝试的，但将得到每个团队成员的支持和承诺。

4. 明确职责并形成共识

共享领导力就是让每个团队成员都能拥有更多的自主意识、责任感和领导力，它为每个团队成员确立了清晰的职责——做什么，交付什么，由谁做，何时做。定期践行"协约"这一行动准则的团队将对团队有更高的承诺度与归属感，对同伴有更高的信赖度，对团队共同采取协同行动、贯彻执行已达成的团队协约有更高的信心。当团队承担更多的责任和领导力时，领导者仍然对团队所取得的结果承担最终责任。

5. 响应和执行的速度

在处理复杂和混乱的问题时，响应的速度是至关重要的。行动迟缓可能会造成严重损害，甚至可能会危及生命，这在新冠病毒大流行期间是显而易见的。在我们设计出解决方案，做出下一步的关键决策并获得关键利益相关者的同意之前，能够迅速收集到相关信息，如事实、想法、感受、过去的经验和主意是非常重要的。你获得团队的隐藏知识与集体智慧的速度，会对结果产生很大的不同。一个对共享领导力 5 项行动准则训练有素的团队已经构建了非常有效的、开放的沟通渠道和信任基础，可以快速激活团队能量，激发团队智慧。与仍在传统"金字塔"式思维中运作的团队相比，这样的团队的反应速度无疑会更快，团队的参与度会更高，行动力会更强。

6. 快速失败，快速学习

当团队不断尝试各种想法处理复杂和混乱的问题时，一定会出现错误和失败，时刻准备好"快速失败、快速学习、快速迭代"的心态对于任何处于 VUCA 环境中的团队都是至关重要的。能从自己和他人的经验中学到东西的能力是关键，值得注意的是，世界经济论坛将"主动学习和学习策略"列为未来第二重要的核心技能（表 12-1）。

我们在本书"09 行动准则背后的科学"中解释了"行动—反思—学习"十项原则，这是共享领导力行动准则框架的基础。这十项原则的意义在于，它们能够使团队的学习速度等于或大于变化的速度。换句话说，一个具有共享领导力的团队将能够持续保持领先地位，因为快速失败、快速学习、快速迭代是其成功策略和文化的一部分。

洞见

我们有许多方式、方法能用来检视和解决 VUCA 时代的困境。在"行动—反思—学习"十项原则的基础之上进行系统性思考，可以全面又系统地看待问题；使用强大的框架 5+ 系统模型，能让你从业务、组织、团队、专业能力、个人和可持续发展六大维度思考并审视问题。

了解问题的不同类型也有助于我们采用适当的方法解决问题，在当今瞬息万变的世界中，领导者面临的问题越来越富有挑战，且越来越复杂、混乱，定期并持续性地拥抱、使用共享领导力 5 项行动准则的领导者和团队将在以下方面具有内在优势：

- 具有较高的团队信任基础。
- 具有快速获取集体智慧的能力。
- 具有敢于发声、勇于尝试、创造和实施新方法的勇气。
- 解决问题和决策的速度更快。
- 能更快速地学习并对动态变化做出适应性的回应。

这样的团队产生的绩效将远远超越由站在金字塔顶端的领导者驱动的传统团队模式。

13

发展你的团队

人的成长和发展是领导者的最高使命。

——哈维·费尔斯通（Harvey Firestone）

费尔斯通轮胎和橡胶公司创始人

作为一名务实的领导者，我们知道自己不可能做所有的事情，我们可以制定最好的策略和计划，但事实上，我们所能取得的成就几乎总是取决于和我们一起共事的人，这就是为什么组织和领导者需要特别关注并投入时间和资源来发展他们的员工。

我们的一位教练正在为菲律宾一家科技公司的财务总监莎朗提供教练服务。莎朗告诉教练，在为期3个月的教练项目中，她只有一个目标："成为一名能够培养新的企业领导者的领导者。"她对自己领导角色的看法，以及她打算如何为团队和公司增加价值的想法给我们的教练留下了非常深刻的印象。这让我想起了玛丽·帕克·福莱特的发人深省的话——"领导者最重要的工作是造就更多的领导者"。

莎朗的想法来自她的顶头上司詹姆斯，他是公司的高级财务总监。莎朗最初在公司担任财务经理的职位，在过去5年里，她两次升职——第一次她被晋升为高级财务经理，现在她被晋升为财务总监了。詹姆斯被调到了其他部门。在过去16年的职业生涯中，莎朗认为詹姆斯是对她的职业发展和成功影响最大的老板。在她的印象中，他不仅关心她的工作成果，也关心她的职业发展。莎朗很感激她能有这样一位领导，她非常尊敬他。

> 事实上，大多数领导者都过于关注员工的工作表现，员工的发展并不在他们的优先考虑事项中。虽然这些领导者往往是最先宣称员工是他们最大的资产的人。

有些领导人与詹姆斯相似。他们关心团队成员的发展，并让团队成员对自己的工作结果负责。然而，事实上，大多数领导者都过于关注员工的工作表现，员工的发展并不在他们的优先考虑事项中。虽然这些领导者往往是最先宣称员工是他们最大的资产的人。

人的因素

在经济学中，商品生产和服务有三个要素：
（1）土地：物理空间和自然资源；
（2）资本：资产、资本货物和财务资源；
（3）人：才干、思想和不屈不挠的精神。

在这三个要素中，人很容易被排在第一位。"人"包括企业家和创业者，他们将自己的想法和土地资源与资本整合起来，更好地为社会提供或创造价值。"人"使得世界成为一个更可持续居住的场所。在当今世界，"土地资源"和"资本"相对容易获得，你可以通过创新理念吸引资本，并选择在哪里生产商品和提供服务。

而吸引和聚集人才是一个复杂的过程。这包括发现、找到、吸引、招募到合适的人才并能够持续激励、保留和发展他们。这些步骤是必要的，因为薪酬和福利成本通常是构成团队结构成本的主要部分。在获得员工招聘许可后，你的下一个任务就是招募到合适的人，你需要应对三个相互关联的挑战：

·合适的人选——你必须在预算内找到具备合适技能且能

很好地融入组织文化的人才。简而言之，即合适的技能、合适的条件、合适的价格。在某些情况下，当你的团队规模正在迅速扩大时，你可能需要同时雇用好几个符合这些要求的人。

·合适的地方——尽管人们对远程工作的态度正在改变，但组织仍然需要考虑将人放在某一个具体的合适的地理位置上。例如，合适的国家和城市。尽管我们比以前更多地依赖线上运营业务，但仍然需要有人能够到实地去了解实际情况，建立关系并推动行动。你可能已经找到一个合适的人，但如果这个人住在一个遥远的城市或国家时，他／她的差旅或外派成本就会成为你在做雇用决策时的考虑因素，让你的决策变得复杂。

·合适的时间——你需要的人应该在你需要他们的时间出现，尤其对于新项目来说，员工的雇用时间很重要，如果你在项目开始很早之前就招聘，你可能不得不在项目开始之前就支付薪水；而太晚启动招聘可能意味着贻误战机和失去机会。

在现实工作中，我们很难同时满足这三个方面的要求，尤其是在招募外部人才的时候。因此，投资和发展现有员工来填补企业发展中出现的职位空缺就变得更加经济，只有在必要时才从外部招聘人才，这也成了很多企业的共识。我们可以通过建立严格的流程来实现这一目标，包括与关键相关人密切合作，共同为企业人才设计个性化的发展方案，确保在发展计划实施过程中所有人都能展现出高度的自主性和责任担当。

培养自己的人才和接班人说起来容易做起来难。尽管我们在人才培养和领导力发展方面已经投资了很多年，但今天的大多数组织都面临着与过去相同的人力资源挑战。2021年，高德纳对800名人力资源领导者的调查显示，他们对迄今为止的努力并不满意：

· 参与调查的人力资源高管中，35%的人认为，继任者管理流程并没能够在合适的时间产生合适的领导者。

· 27%的人力资源高管认为，他们的组织在培养中层领导者方面遇到很多困难和挑战。

为什么组织认为人员发展非常具有挑战性

发展人才的必要性是无可争议的。然而，它也经常伴随着我们所听到的以下挑战：

1."我没有足够的时间来培养我的员工。"

这是迄今为止最常见的挑战。你和你的员工每天都面临着时间压力，很少有人能从应对高强度工作和交付的压力中摆脱出来。领导者每天都忙着在有限的时间内满足他们的老板和客户的期望，所以"虽然他们认为员工的发展很重要，但这却不是他们的优先事项"也就不足为奇了。他们认为，他们所能做的最好的选择就是将员工发展外包给人力资源部门、外部教练或培训师团队，或者把问题先暂时放一放，等到他们有时间了再来处理。

解决方案并不一定是"非此即彼"的，我们可以两者兼得。领导者也许应该学习一种人员发展的方法，即当团队在解决业务挑战时，也在同时学习和发展他们的核心技能。

2. "发展我的团队成员并不能保证他们的忠诚度。"

你可能经历过在花了很多时间、精力和心思培养了你的团队成员之后失去他们的沮丧。你可能质疑过他们的忠诚度，简单的回答是——员工忠诚度的焦点已经发生改变了。在20世纪五六十年代，对雇主的忠诚曾经像橡树一样牢固；但到了20世纪90年代，由于商业和经济原因，企业搬迁、重组、裁员，许多员工都陷入了雇用困境。

员工们开始把忠诚集中在自己和家人身上，他们为自己的职业和个人发展寻求最佳的整体回报；Y世代和Z世代的员工倾向专注于他们认为有意义、能给他们带来强烈目标感的工作，也许他们是受到了曾深陷危机的父母和长辈的鼓励要去做对自己的职业发展和生活最有利的事情。"你只活一次"——根据这一格言，当他们觉得自己没有合适的老板或在工作中找不到强烈的目标感或价值和意义时，他们就会感到是时候该辞去这份工作了。

许多领导者心中都有这样一个挥之不去的问题："如果我培养了我的员工，他们却不留下来该怎么办？"虽然这是一个合理的担忧，但一个更重要的问题是："如果你不培养他们，他们留下来又能做什么呢？"

3."我的组织是扁平的，晋升的机会越来越少。"

在如今越来越扁平化的组织架构中，可供员工晋升的职位越来越少。这并不是一个新现象，过去的组织架构中设置了很多副职或"二把手"的职位，这些设置为继任者计划和培养提供了很好的学习和成长机会。随着不断地缩减层级和削减成本，团队和组织变得越来越精简，一个人需要"戴"多顶帽子和矩阵汇报[1]成为常态。令人惊讶的并不是这一情况本身，而是在和同样的挑战共舞了30多年后，许多领导者和组织仍在原地寻找解决接班人问题的有效方法。

领导者应该问问自己："我们到底缺少什么？""怎样才能更好地培养团队中的潜在接班人？"

---

1 矩阵汇报（Matrix Reporting）是一种组织结构和管理模式，在这种模式下，员工不仅向一个上级汇报工作，还可能需要同时向多个上级或项目经理汇报。——译者注

4."我的组织没有足够的资源来培养我的员工。"

许多领导者认为,他们的组织既没有财力,也没有人力来开展内部人才发展项目。这对领导者来说是一个巨大的阻碍,因为他们还同时面临着很多其他重要工作。在经历了最初为争取更多培训资源的"斗争"之后,大多数领导者学会了接受"没有预算"的情况。他们遗憾地习惯于以牺牲员工的学习和发展为代价,专注于交付团队或业务成果。

领导人可以采取哪些关键步骤来应对这些挑战

如何在发展公司业务的同时发展你的团队成员?以下是一些做法。

1. 首先,要拥有共享领导力团队教练的心态

(1)"我将为我的团队成员的学习和发展担责。"

不管财务预算如何,我们不能把培养、发展员工的责任推给别人,我们必须为此担责。我们了解我们的团队成员,我们可以在与我们的团队成员一起工作时,在恰当的时候,随时运用有效的团队教练技术为我们的团队提供教练辅导;我们也可以改变我们的领导方式,主动向团队成员寻求反馈并为团队成员提供反馈;我们还可以创造一种环境,让我们的团队成员能够轻松自在地表达自己的想法,承担责任,勇

于尝试新事物、新方法。无论是在团队内部还是外部，每个人都能够感受到我们对发展员工的担当。这样的话，我们的员工很难不被我们发展员工的决心和热情感到振奋。

（2）"我会利用每一次工作经历进行学习。"

工作和学习是两件可以并且应该同时进行的活动，但不幸的是，许多领导者只会以二元对立的方式思考问题。在他们的思维模式里，工作和学习是完全分离的，甚至是相互排斥的，这种自我设限的二分思维需要改变。

我们（LIM）的核心信念之一是我们可以一边赚钱一边学习。事实上，我们认为工作场所是一个完美的促进个人成长和职业发展的地方。参加以商业模拟案例为教学基础的商学院课程既费时又昂贵，而我们的领导力发展项目是基于每个组织或团队当前正在面临的实际挑战，参与者在解决实际挑战的过程中学习、发展新的技能和行为，我们将这一过程称之为"边学习边赚钱"。在工作过程中花一点时间进行反思会让你获得强大的学习洞察力。正如"09 行动准则背后的科学"所强调的，美国哲学家和教育家约翰·杜威认为，人们不是简单地从他们过往的经历或经验中学习，而是通过反思自己过往的经历或经验来学习。换句话说，我们可以有意识地将有目的的学习与团队的实际工作整合起来。

2. 其次，预测和确定未来的需求

预见战略未来，确定未来发展需求。发展员工的一个切实可行的出发点是识别并缩小他们目前的能力差距。这可以是他们胜任目前工作所必须具备的知识、技能、行为和经验的组合。解决这些能力差距，能在短期内使他们的绩效表现发生肉眼可见的变化。

作为一名领导者，我们还需要能够抬头看天，将目光放得更长远一些，专注于未来2—3年甚至更久以后团队所需的能力，这将使你能够帮助你的团队为未来做好战略准备。能够预见企业未来的发展机遇，确定为获得这些机遇所需具备的能力，并能为此做好能力准备被认为是负责任的、关心他人的和具有前瞻性的领导者的标志。

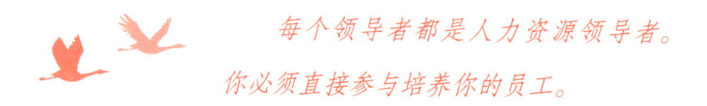

每个领导者都是人力资源领导者。你必须直接参与培养你的员工。

作为领导者，我们需要同时关注当前和未来的能力差距和机遇。如图 13-1 所示：领导力就是要在自己的视线范围内始终关注这两个优先事项，并实现它们。

```
当前焦点  →  未来战略焦点
```

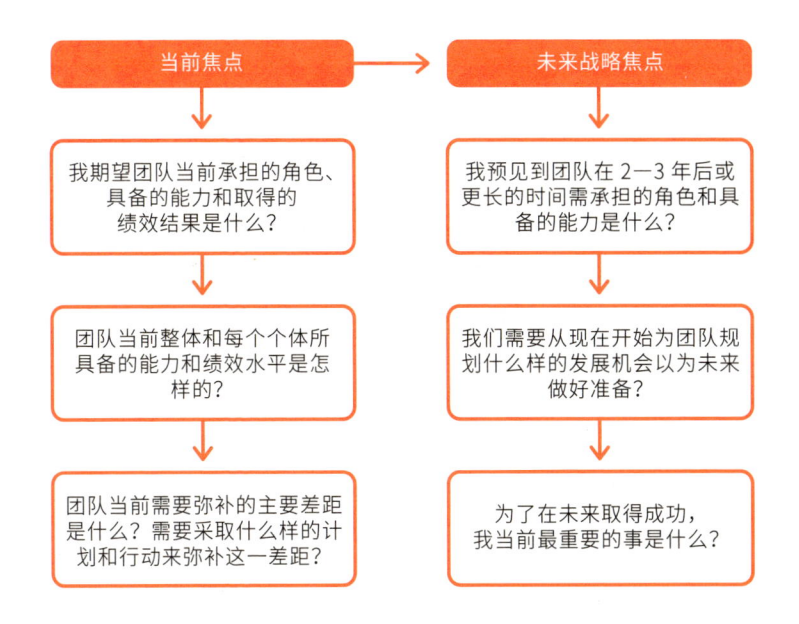

- 我期望团队当前承担的角色、具备的能力和取得的绩效结果是什么?
- 团队当前整体和每个个体所具备的能力和绩效水平是怎样的?
- 团队当前需要弥补的主要差距是什么?需要采取什么样的计划和行动来弥补这一差距?

- 我预见到团队在 2—3 年后或更长的时间需承担的角色和具备的能力是什么?
- 我们需要从现在开始为团队规划什么样的发展机会以为未来做好准备?
- 为了在未来取得成功,我当前最重要的事是什么?

图 13-1 当前和未来战略的重点

3. 再次,共同制订人才发展计划,共享主人翁意识

提升运用共享领导力 5 项行动准则的主人翁意识。每个企业领导者同时都应该是人力资源负责人,你必须直接参与到对你的企业员工的培养过程中。共享领导力 5 项行动准则提供了一个框架,能帮助你和你的老板、人力资源部和员工共同设计并创建一个人才发展计划,并不断提升所有人的主人翁意识和责任担当。

(1) 汇集的行动准则

首先从你的关键利益相关者那里收集信息,了解他们希望

从你的人才发展项目中看到和得到什么。汇集还包括从过去的经验中学习——哪些工作做得好，哪些工作做得还不够好。

你的老板：在你主动制订具体计划来培养你的员工，包括你潜在的继任者时，你需要得到你老板的支持。通过在项目的早期阶段就征求他的意见，你可以让你的老板成为你的亲密合作伙伴。详细说明你想从他那里得到的具体支持，并与他取得共识，达成一致。

人力资源部（包括人才发展部负责人）：人力资源部门肯定会很高兴你能站出来，为员工的发展负责。你可以听听人力资源部的期望，如果可能的话，还可以听听他们对团队成员的评估，你还可以向他们收集他们能提供的支持和资源；同时，了解他们现有的人才发展框架和流程也很有用，这样你就可以与他们携手合作。确保你的计划与人力资源部的整体人才发展计划保持一致是至关重要的，这能让他们更容易给你提供全面的支持。

你的员工：他们是你最重要的利益相关者。你应该了解他们的职业抱负、优势和待发展领域。作为他们的直接主管，你需要熟悉这些基本信息，因为这些信息能够让你更好地给他们提供支持，提升他们的状态、表现，并促进他们未来的成功。与他们每个人进行一对一的谈话，理解他们的需求、渴望、期待、野心，甚至是他们的恐惧。然后确保与每个人跟进。亚当是我们在教练过程中认识的一位经理，每三个月，他就会与每位直接下属进行一次"一对一的咖啡聊天"。他向他的员工明确表示，咖啡聊天的目的就是了解他们个人的职业抱负、理想、学习和成长的需求，以及他们需要什么样的支持能令他们的工作更满意、更有意义、更有影响力。亚当之前曾试图通过小组咖啡聊天的形式来进行这一环节，以节省时间，但他发现，当同事们在同一个会议上时，人们不会那么坦率地谈论他们内心的渴望和担忧。一对一的环境提供了必要的心理安全感和谈心的温暖空间。

（2）合作的行动准则

通过收集到的信息，你可以了解团队成员的绩效表现、潜力和抱负。如图 13-2 所示，你可以使用麦肯锡的绩效和潜力九宫格来为你的思维过程添加结构：

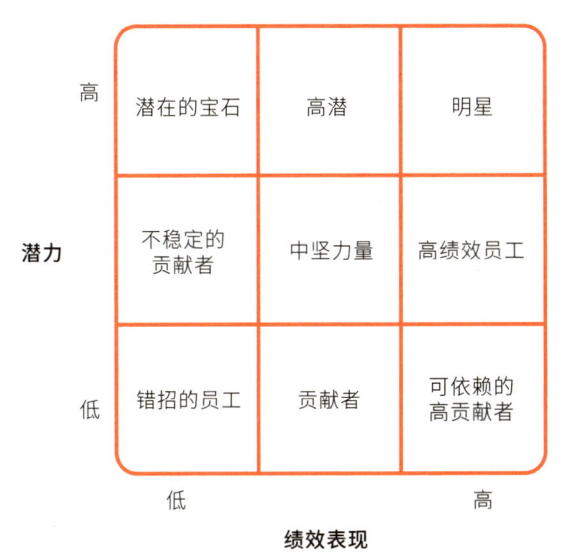

潜力 高	潜在的宝石	高潜	明星
	不稳定的贡献者	中坚力量	高绩效员工
低	错招的员工	贡献者	可依赖的高贡献者
	低	绩效表现	高

图 13-2　绩效和潜力九宫格

这个九宫格能使你在和每位团队成员共建他们的个人发展计划之前，清楚地了解他们每个人在团队中的位置，可以帮助你更加公平、客观地评估每位员工的贡献，以及相比较而言未来的潜力。

合作的其中一种方法是用一张空白的九宫格让你的老板和人力资源部门都参与进来，让你的老板还有人力资源部门共同讨论并决定每个团队成员在网格中的位置。从一开始就一起描绘图景是很有好处的，因为与会的每个人都有平等的机会说出自己的想法，对最终的产出带来影响。

另一种耗时较少的方法是预先填好九宫格作为"初步输入"，然后，利用会议机会从你的老板和人力资源部门那里验证和确认你的评估。这样做的好处是你可以更好地控制局面；缺点是你的老板和人力资源部门的参与度可能会降低。在这种情况下，你需要有意识地邀请他们多发表意见，一个很好的方法是可以问更多的问题，以获得他们的观点和支持。

在得到你的老板和人力资源部门的同意后，你就可以更加自信地和每个员工一起制订他们的个人成长计划了。你和你的团队成员共同为他们的个人成长计划担责是非常重要的，如果你的团队成员不愿意为他们的个人成长计划担责，计划就会失败。与他们每个人进行一对一谈话，让他们反思并分享对以下问题的想法：

· "我的职业目标是什么？"

- "我目前和未来的职位需要我进一步发展哪些核心技能?"
- "为什么发展这些核心技能对我来说非常重要?"
- "我该如何发展这些核心技能?"
- "我希望看到什么样的结果?"

(3) 挑战的行动准则

在合作讨论的过程中,你有足够的机会为挑战的行动准则创造空间。挑战可以采取以下形式:

a. 互相挑战彼此的观点。在所有的会议中,无论是与老板还是人力资源部门,或是与员工,你都希望能就员工的贡献、绩效表现、优势、潜力、弱点和他们的成长需求等领域进行开放和坦诚的讨论。这个过程可能会产生不同的意见和顾虑,然而越早听到他们的意见就越有利于员工的发展。花时间和保持开放的态度倾听反对意见或负面反馈是拥有共享领导力的领导者的标志之一,你乐于倾听的态度会鼓励你的同事说出他们的想法。《圣经》中有几处提到,所罗门王是最有智慧的领导者之一,他总是劝告他人积极寻求睿智的建议。由于你乐于接受挑战,愿意接受他人的影响,所以你不仅创造了一个开放、坦诚、安全、值得信任的环境,还为你的同事树立了一个他们可以效仿的良好榜样。

新加坡电信集团首席执行官袁坤满(Yuen Kuan Moon)先生在一次领导力峰会上说:"当你创造一种环境,让人们感到安全,被接纳,能够直抒己见,而不仅仅是服从于权威时,你会看到很多天生的领导者，因为人们不再认为他们只能听命于老板，也不再认为自己只是需要交付那个订单而已，他们会真正地投入其中，提出问题的解决方案。我鼓励领导者要更有耐心，在做出判断或评论之前，哪怕你是这个议题的专家也先听听别人的想法，因为最糟糕的事情是你把他们关在门外，然后他们向更大的群体传递了错误的信息。领导者的影子很长，你的行为举止不仅关乎正在与你交谈的人，还关乎其他所有正在看着你的人。我认为这是领导者最需要改变的地方。"

b. 挑战每个人的个人和职业发展的舒适区。你希望每个人都能挑战自己、大胆思考，思考他们自己的未来是什么样子的，以及他们可以拥有的新的可能性。你希望他们能为自己的职业发展真正担责。例如，我们的一位团队教练曾教练一家全球咨询公司的高级经理。她是公司的关键人才，总是能够帮助她的老板设计出赢得客户青睐的方案，并帮助公司稳步提升收入。她近期的职业目标是晋升为总经理，但她被认为是一个合作度较低的人；同时，她也是一个习惯忽视自己身体健康的人，她可以像机器一样工作，连续几个小时不吃饭不休息。教练向她发起挑战，让她构想自己的未来，并描述对她来说有益的成功到底是什么样子。她意识到并接受——如果她继续保持目前的工作模式，她的事业，甚至她的生活，都将面临脱轨的风险。

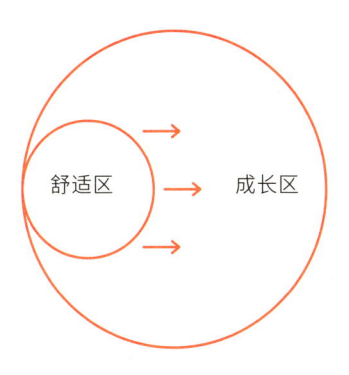

图 13-3 从舒适区到成长区

我们的教练曾与众多客户合作，帮助他们实现个人成长与发展。这些成长领域如表 13-1 所示，它们虽不详尽，但你可以在有效的反馈评估工具的帮助下，参考该图表，确定团队成员的个人成长与发展领域。

表 13-1 领导者可能的成长领域

1	提高高管的临在感和可见度。
2	提升战略思维能力。
3	更善于与同事和团队成员共享领导力。
4	发展更强的业务能力或商业敏锐度。
5	成为一个更自信的公众演说家。
6	更善于管理老板和上层利益相关者。
7	在没有职权的情况下，有效影响同行和同事。

续表

8	更加坚定果断，满足自己的专业和个人需求。
9	减少过度思考，增加自信，能够更自在地发言和表达。
10	更有效、更快速做出决策。
11	更多地下放权力（授权），提升他人的可靠度。
12	为更大的工作职责或新的工作角色做准备。
13	带领团队实现更高绩效并建立共享领导力的团队文化。
14	成为一个更能激励人心、鼓舞士气，更吸引人并有魅力的领导者。
15	在变革管理和项目管理中，能获得更多的认同感，保持一致。
16	与同事更快、更好地建立信任关系。
17	更有效地召开有吸引力、富有成效和有趣的会议。
18	提高我与内部和/或外部利益相关者的谈判技能。
19	在我的团队中建立联结、社交并创造更多乐趣。
20	成为一个更真实、更有同情心、更有爱心的领导者。
21	在我的领导风格中融入更多的教练。
22	更有效地进行困难的反馈对话。
23	开展绩效评估和反馈对话。
24	更善于领导和辅导团队中表现不佳的成员。
25	发展团队成员和成长型心智。
26	更好地管理自己的情绪，更爱自己。
27	培养更强的韧性以应对工作挑战。
28	变得更聚焦、更专注，更善于设定优先事项和管理时间。
29	能更好地平衡工作、家庭和个人生活。
30	改善我的身心健康（包括睡眠、营养、运动和休息）。

c. 挑战组织边界。组织和团队都有看不见的边界，每个

人都似乎习惯性地接受一些不言而喻的限制。西瓦是一名团队经理，在过去的两年里，他艰难地管理着21名团队成员。即使21名团队成员被分成4个小团队，他仍然需要花大量的时间每周召开4次团队会议，分别处理每个小团队的问题。当我们的教练询问他关于授权的问题时，他回答说他不能进行太多的授权，因为在他的公司的组织架构中，没有设置"团队主管"的职位，因此他没法给每个小团队任命团队负责人，也不能晋升团队成员，因为这会带来更高的工资成本。我们的教练挑战了他的假设，最终他突破了自己原有的想法，决定为4个小团队增加一个"团队领导"的学习岗位，由每一位团队成员轮流担任这一岗位，所有的团队成员都有机会参与学习。恕我直言，我知道我们每一个组织内部都设有边界或流程，但我们总是可以找到一些机会挑战和突破一些组织边界，我们可以主动去打破边界，推动变革，或者我们可以像西瓦一样，找到创造性的解决方案，而不是被它所阻碍。

挑战现状的强有力的问题包括：

·"是什么在阻碍我们实现目标？"

·"我们如何加速团队的学习和成长？"

·"如果我们从头开始设计，没有任何包袱或限制，我们会怎么做？"

（4）协约的行动准则

干得好！到这个阶段，你已经了解了团队成员在9宫格中的位置，并且你已经为每个团队成员定制了具体的个人发展计划。利用合作和挑战的行动准则，共同制订具有挑战的发展计划，以充分发挥每个人的潜力。有了他们共同参与项目的设计与计划，团队成员将有更多的理由和动力去完成他们的个人发展计划。

但仅仅只是完成团队成员的个人发展计划还不够。与核心相关人建立协约，并获得他们的承诺也是至关重要的。你需要做的协约有两个层次。

a. 与老板和人力资源建立协约。第一个层次是与你的老板和人力资源建立协约，以获得具体的支持和资源来确保个人发展计划的实施和实现。你可以与你的老板和人力资源部门创建三方会议，以确保你们在关键问题上达成一致，例如：

· 为什么个人发展计划对团队和组织很重要？

· 当个人发展计划成功实施时，对团队和组织的影响是什么？

· 实施个人发展计划需要从老板和人力资源部门那里得到哪些具体的支持和资源？

b. 与你的团队建立协约。第二个层次的协约是与团队成员建立协约。依据第一次会议所获得的具体支持和资源，你可以针对团队成员的发展计划给出非常具体的建议，并获得他们的承诺。你与他们的对话应该包括：

· 对齐对个人发展的期望与需要达成的目标和结果的

想法。

- 可以为他们提供从老板和人力资源部门那里获得的非常具体的资源和支持。
- 理解他们的需求和意愿。
- 就后续跟踪、反馈会议，就如何评估、检核进展情况达成一致，并能为此担责。

从上面的过程中可以看出，协约是一种经过深思熟虑的能让人制订周到计划的工作方式。真正的旅程需要一个良好的开端，在整个过程中，每一个重要的相关人都需要参与其中、对齐想法并承诺行动。关键点在于你要有能力带领参与的人在具体的问题上进行深入探讨、沟通和对话，并达成共识和承诺。事情无法取得成功的原因往往是因为取得的协约还不够明确。任何一个具有"正常"思维的人都会对个人发展计划这样正确的事情表示支持。但是，同样是这个人，他是否愿意花时间和你的员工在一起，并且定期进行教练辅导谈话呢？人力资源部门或财务部门是否愿意提供足够的预算来支持个人发展计划呢？

协约的行动准则是一个持续的过程。它需要从项目一开始时就启动，且在项目的执行阶段，你需要不断回顾、审核、收集反馈并对计划进行适当调整。保持这种灵活性很好，因为没有完美的计划，每次调整后，都应再重新修订清晰的合约，让每个人都清楚自己的承诺和责任。这应该不会花太长时间。协约的过程能保证所有人都清楚地知道谁在做什么，什么时候做，以及非常重要的是，我们如何衡量成功。

（5）联结的行动准则

在本章中，虽然我们将联结的行动准则放在最后，但这并不意味着它是最不重要的。"联结"贯穿于整个过程，因为你需要积极与利益相关者保持联结，并在个人层面更好地了解他们。随着时间的推移，联结有助于建立更强大更紧密的信任关系，创造开放和透明的团队氛围，让每个人都能在团队里自在地分享任何真实的想法。联结的行动准则还包括帮助你的利益相关者在系统层面进行联结，让他们看到你计划如何与你的团队、整个组织和业务相联系。你与团队共同创造的团队氛围和关系会让你和团队每个人的工作更有意义，也更有趣。

洞见

各个组织加起来每年都要花费数十亿美元来培养员工。传统观点认为，如果你培养了你的员工，他们就会帮助你发展你的业务。人们渴望在工作中学习和成长，如果你能让员工获得成长，你将与员工实现双赢的局面，还能提高员工的敬业度。但这一切不会自然地发生，它需要持续的关注、努力和承诺。

人员发展的答案存在于团队的内部，当你与你的员工分享你的领导力，帮助员工在工作中学习和成长时，他们的学习将会加速。引用罗夫·艾默生（Ralph Emerson）的话："技能源于实践。"

共享领导力5项行动准则是帮助你规划和管理员工发展的非常有效的框架，它构建了一种伙伴方式，通过使用联结、协约、汇集、合作和挑战5项行动准则，为员工发展创造了更高层次的主人翁意识、具体的承诺和责任感。当你能加速员工的真正成长时，你的组织和业务也将实实在在地获得加速增长。学习与赚钱相得益彰。

学习与赚钱不可分割。

14

打造一种共享领导力企业文化

> 预测未来的最好方法就是去创造未来。
>
> ——亚伯拉罕·林肯（Abraham Lincoln）美国第 16 任总统

组织文化是组织中团队成员思考、行动、交互、绩效表现方式的集合，是"我们在这里做事的方式"，它受到主流的思维方式、价值观、信念、规范、行为和期望的影响。

我们大多数人都曾亲身经历过文化对我们自己和团队表现的影响。国际人类合作组织（Human Synergistics International，简称 HSI）是美国一家自 20 世纪 70 年代初以来一直致力于理解和衡量人的思维和行为风格的组织。据该组织的一份报告显示，84% 的领导者认为文化对商业成功很重要，60% 的领导者认为文化甚至比企业战略或商业运营模式更重要。

而其他研究则表明，领导力、绩效表现和文化之间存在直接的关联性。2016 年，美国心理学协会的《应用心理学杂志》发表了一项针对 114 名科技公司领导人的研究，研究发现挑战组织现有文化规范的首席执行官改善了财务业绩，并能够有效推行新的战略。这些首席执行官的资产回报率在第一年内实现了 1% 到 4% 的增长。

我们的组织文化来自哪里

一个组织的文化就像一座冰山，既有可见的一面，也有不可见的一面。可见的部分浮现在冰山的"水平线以上"，是指每个人都能观察和体验到的行为——我们是如何真正地生活、行动、对待彼此和工作的。它包括讨论问题的方式、决策的方式、信息传递的方式和内容，还包括管理层和员工之间分享的故事、笑话和八卦的类型。

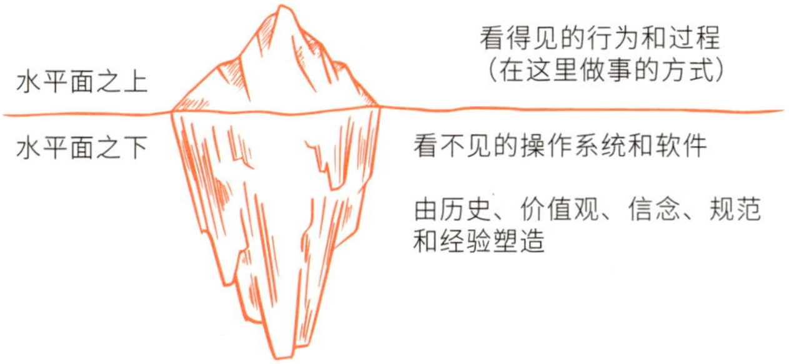

水平面之上　　看得见的行为和过程
　　　　　　　（在这里做事的方式）

水平面之下　　看不见的操作系统和软件

　　　　　　　由历史、价值观、信念、规范
　　　　　　　和经验塑造

图 14-1　组织文化

然而冰山的更大一部分隐藏在公众视野之外，它包含着影响和驱动实际行为和态度的"底层操作系统和软件"，此外，它还受到领导者和成员所共有的历史、价值观、信仰、规范和经验等因素的影响和塑造。除了这些因素，领导者们，尤其是全球性组织的领导者们，还必须考虑国家文化和行业文化是如何对他们的组织和战略产生影响的。

有意识与偶发性

组织文化对团队绩效表现和可持续性发展至关重要，因此领导者有意识地塑造和控制组织文化至关重要，任由组织偶发性地决定或形成自己的组织文化不是战略领导力。战略性就是要以头脑中清晰的未来图景引领当下，未来学家托马斯·弗瑞（Thomas Frey）说得好："未来始于当下。"因此，我们应该在当下，有意识地花时间塑造我们所期望的未来文化。逻辑是明确的，当我们到达未来的某个时点时，组织应该已经建立了我们所需要的文化；我们的文化应该是能为我们提供引领和支持的，而不是滞后的或拖累组织的。为了有意识地塑造组织文化，领导者必须有一个好的规划，积极寻求改善整个冰山的方法，不但要研究冰山可见的部分，还要研究隐藏在水下的"操作"系统和软件。

> *未来学家托马斯·弗瑞说得好："未来始于当下。"因此，我们应该在当下有意识地花时间塑造我们想要的未来文化。*

企业文化的基本支柱

文化并不是一成不变的，它是动态演变的，随时间不断流动的。由于文化是"活的"且在不断演变，因此，重要的是要让你的组织文化建立在一个坚实而持久的地基上。如果没有这样的地基，你将很难调整和持续改善你的组织文化。

任何尝试过领导实施文化变革项目的人都知道这里面包含多少工作，需要克服多少抵制、反对和障碍。麦肯锡的一项报告称，70%的变革计划没有达到预期目标。这解释了为什么每当有人提出要重塑企业文化时，许多领导人会感到不安，因为他们在过去很可能曾经历过失败的企业文化变革旅程。

要让企业文化能够持续与时俱进，与不断变化的外部环境相适配，文化就必须具备能够不断进化、适应和更新的基因。就像一座有着牢固地基的建筑物，因为有牢固的地基做支撑，盖在它上面的建筑物就可以不断被翻新、大修，再重新投入使用，而其核心依然完好无损。在新加坡，原有的最高法院大楼始建于1937年，经过大修和重新设计，它从国家的最高法院变成了如今的国家美术馆。尽管在过去的80年里，它经历了许多重大的内部和外部变化，但它仍然是新加坡最漂亮和最雄伟的历史建筑。依据过往的记录，我们可以有把握地说，新加坡的这位"伟大的女士"即使在未来还会再经历几轮翻修和更新，但它仍会继续坚定地站着。

共享领导力的5项行动准则将成为任何高绩效文化的坚实的地基。原因如下：

1. 联结之柱

这是一个团队的基础。在此基础上，团队成员之间相互联结，并与组织和团队的目标、使命和愿景相联结。强大的联结、紧密的人际关系和高度归属感是每一种高绩效文化的基础。

2. 协约之柱

团队成员通过团队内部和团队之间在角色、责任、目标、成果和工作任务上达成共识和承诺，积极寻求互相理解与合作。团队成员对需要实现的目标100%担责，同时他们还会要求他们自己和团队中的其他人对他们已达成共识的事情负责。

3. 汇集之柱

团队成员主动从他人那里寻求反馈，收集智慧，这种智慧包括他人所拥有的思想、想法、反馈、建议、感受、经验和隐藏的知识。每个人都会尊重和珍视他人的分享、反馈和建议，包容不同的想法和建议。对"汇集"的开放态度，以及乐于倾听的意愿，体现了一个人并非无所不知的谦逊和诚实。这种乐于倾听和学习的心态是高绩效文化的另一个标志。

4 合作之柱

合作的支柱通常意味着解决方案是由正确的人在正确的时间共同设计和创造出来的。这确保了高度的自主意识、对承诺的担当和正能量，对成功实施解决方案至关重要。这一支柱的力量决定了团队内部以及团队之间进行纵向与横向合作的能力、轻松程度和速度。这将有助于弥合许多组织和团队中存在的组织深井、孤岛以及跨部门合作的问题。

5. 挑战之柱

团队成员在心理上感到安全，就可以勇于直言，分享他们在业务、组织、团队、专业能力、个人和可持续发展方面的真实想法、感受、建议和行动，并愿意相互影响、互相帮助和挑战。反过来，每个人也都乐于接受来自他人的影响和挑战，愿意在团队面前展现自己的脆弱，也愿意走出自己的舒适区。

当组织文化是以共享领导力的 5 项行动准则为地基时，你可以期待三大主要竞争优势：

· 团队的集体能力和承载能力明显高于单一领导者，充分利用其全部能量和资源的组织将在市场中处于领先地位。

· 这 5 项行动准则所创造的开放、安全、自由的环境将激发每个个体的潜能，无论是初级还是高级团队成员，都会畅所欲言，挺身而出，主动承担更多主人翁意识、责任和领导力，以实现团队和组织目标。

· 随着 5 项行动准则在成员、团队和组织中创造出更多适应性和灵活性，变革将加速。

如何创造我们想要的文化

在"10 实施有效变革"中我们描述了如何使用共享领导力的行动准则来规划和实施变革。本章中，我们将继续讨论变革中一个经常被问到的问题："我如何在我的团队或组织中推动实施共享领导力的文化？"

为了实现变革，生于德国的心理学家科特·莱温（Kurt Lewin）提供了一个简单有力的变革模型，他把变革过程比作一个改变冰块形状的过程。你不能简单地强迫一块立方体的冰块变成圆柱形——冰是会碎的——你首先需要把立方体的冰块融化成水，然后把融化的水重新冷冻在圆柱形的制冰模具里。他的变革过程三步骤如下：

第一步：解冻

在变革实施之前，你首先需要让关键利益相关人接受我们需要变革这一倡议。这需要我们与关键利益相关人建立关系和信任，同时能与参与变革或受到变革影响的人进行正确的对话。对话需要涵盖"为什么要变"、"变什么"、"怎么变"，以及变革将产生的影响或"那又怎样"。

第二步：变革

第二阶段是计划和实施变革阶段。这一阶段包括赋予团队新的技能，并且用新的态度和行为支持他们。沟通、评估和反馈进展是整个变革过程中的重要因素。

第三步：重新冷冻

第三阶段是巩固变革阶段，使之成为新常态。它包括使用积极强化措施，如认可和奖励支持新的行为，调整绩效管理系统，继续加强对人员的培训，强化新的行为和态度，雇用具备新的行为和态度的人，并将变化纳入公司的政策和流程等。

在接下来的内容中，我们将讨论如何塑造团队文化，以及如何改变大型组织的文化。

如何塑造团队文化

当你是团队的直接领导者时，你就有很好的机会以共享领导力的 5 项行动准则为基础来塑造或影响你的团队文化。

1. 联结

在个人层面上更多地了解你的团队成员，与他们建立更密切的关系。创造机会，从个人兴趣、家庭到职业抱负，让你的团队成员能够更多地了解彼此。

当你是团队的直接领导者时，你就有更好的机会，以共享领导力 5 项行动准则为基础来塑造或影响你的团队文化。

2. 汇集

从团队中收集当前的文化中哪些是有效的，哪些是需要改变的信息。询问团队成员对未来文化的期望。

对其他了解你的团队工作的利益相关人做同样的工作。你可以通过员工满意度调查收集并回顾与你的领导力和团队相关的数据，还可以通过团队焦点问题反馈问卷、一对一对话和焦点小组会议相结合的方式收集关键数据。汇集的过程将有助于加强你的变革计划。

3. 合作

让每个团队成员都参与进来，共同设计并创建团队文化。最好用可以付诸行动的语言来说明文化的属性，以便每个人都能够实践它。团队中的每个人都可以成为彼此的榜样，尤其是当团队成员有很高的认可度和归属感时。文化是滋养出来的，而不是传授出来的。其中一个很重要的步骤就是共同开发一套团队中每个人都可以遵守的团队规范。

4. 挑战

在"合作"的基础上挑战团队，让他们努力跳出自己的舒适区，在各个方面将文化具象化，让文化在当下和将来都能为团队带来价值。例如，我们与一些团队展开合作，帮助他们调整并采用包括"带着良好的意图直言不讳"、"保持开放的心态"或"主动走出舒适区"、"100%为团队绩效担责"在内的团队规范。

5. 协约

当未来团队文化的愿景清晰可见并能为整个团队所接受时，你就在团队中取得了共识。现在需要做的就是获得每个团队成员的承诺，在意识层面和无意识层面认真地贯彻执行这些规范。实现这一目标的方法之一就是让每个人都对规范的实施负责，并就何时以及如何衡量、评估进展达成一致。

"联结"和"汇集"的行动准则相当于科特·莱温变革模型的解冻阶段,"合作"和"挑战"是"变革"阶段,"协约"是"再冻结"阶段。

共享领导力的 5 项行动准则并不是一个单向过程或单一周期的过程。它也不是创造你想要的文化的单一途径。"联结"是在一开始就实施的,因为要想做好后面的部分,个人层面上的联结是非常重要的。其他的行动准则需要依据团队当前的文化、背景、对变革的准备度和紧迫性,根据团队里具体是"谁"和"团队情境"来进行。其他的影响因素还包括团队成员的个性、成熟度和能力。

上述顺序既适用于新团队,也适用于领导者和团队成员已经彼此熟悉的团队,两者的不同之处在于不同团队的速度和节奏不同。领导者需要以能够带动所有团队成员积极改变的速度和节奏来推进,俗话说"慢即是快",这句话是正确的,尤其是在试图改变根深蒂固的文化时。

如何在一个大型组织中创造共享领导力的文化

在大型组织中创建共享领导力的文化有两种方法:

1. 自上而下与高层领导合作

通常情况下,高层领导者需要为启动和实施重大变革提供任命、背书和资源,当高层领导团队能够以身作则时,组织的其他成员也会效仿。要获得最高领导层的认可,你可以做以下几件关键的事情:

(1)创建令人信服的组织或业务需求。你需要为变革创造一个令人信服的组织或业务需求。收集相关事件、员工问卷调查结果、员工离职报告或员工反馈数据,指出需要改变的内在文化弱点,说明如果文化无法得到改善对组织的负面影响。要创造对改变的紧迫感。一种方法是证明当前的文化无法完全支持组织战略愿景的实现或与组织战略愿景方向不一致、不协调;另一种方法是将你的企业文化与行业中的其他标杆企业和竞争对手的企业文化进行比较,阐明为了保持与时俱进或取得领先,企业需要 2.0 版本的企业文化。

(2)通过以下两种方式为高层领导团队提供共享领导力行动准则的经验。

主持研讨会:组织线上或线下研讨会,让高层领导团队亲身体验如何通过共享领导力 5 项行动准则和"行动—反思—学习"原则和工具应对他们当前面临的实际挑战和机遇。

及时性教练干预:另一个体验式学习的方式是在高层领导团队需要的时候,及时促进高层领导团队使用共享领导力的 5 项行动准则和"行动—反思—学习"工具。在某个会议期间的困难时刻,及时促进领导团队使用"行动—反思—学习"工具有可能会帮助他们摆脱困境和卡点,并实现突破。为了能在企业日常管理活动中为团队提供及时性的教练干预，高管团队中需要至少一名团队成员接受过共享领导力团队教练认证课程的训练，并能熟练掌握并应用共享领导力团队教练的工具。或者高层领导团队可以邀请一名外部的共享领导力团队教练加入他们的日常高管会议，观察他们的讨论，并在团队需要时向团队提供及时性的学习输入、反馈或流程建议。

（3）向经过认证的共享领导力团队教练学习。邀请你的首席执行官和高层领导团队的主要成员在外部论坛或网络研讨会上学习并体验共享领导力。向外部的共享领导力团队教练学习是很有价值的，因为他们可以将他们广泛而多样的实践经验带到现场。在这样的场合中，首席执行官和高级领导团队也可以学习其他组织领导者的共享领导力的经验。

（4）寻找有影响力的倡导者。你可能暂时还不是高层领导团队的成员，这样的话找到高层领导团队中的一员成为你的倡导者，帮助你在企业团队进行游说将非常有帮助。你的倡导者可以是你的部门主管、导师，也可以是任何已经与你合作过的人。在高层领导团队的讨论中，一位受人尊敬且有影响力的代言人会为你的案例增加分量，也会帮助你解决困难的问题，并引导高层领导团队的思考。

除了在高层领导团队找到主要的倡导者之外，在高层领导团队内部和下一级领导层培养其他倡导者也是非常有用的。这些倡导者可能无法去会议室，但你肯定可以通过他们的推荐和成功经验，把他们的"声音"带到会议室。

得到最高领导层的背书和支持是迄今为止成功创建共享领导力企业文化的最佳途径。这使得最高领导者能够发挥带头作用并为大家指明改变行动的方向，确保有更大的机会成功塑造组织文化。如果这些高层领导者体验了并能够努力实践这5项行动准则，他们就可以在组织中塑造一种共享领导力文化。然后，他们会很自然地将这5项行动准则推广到自己的团队中，直到整个组织都浸润在共享领导力的文化中。

2. 从团队层面自下而上

另一种实用的方法是从团队层面开始，向上渗透到高层领导团队。一个好的起始点是组建一个组织内部的共享领导力团队教练核心小组，该核心小组可以由部门领导者和人力资源部门的同事组成。该核心小组渴望把自己发展成为有能力、有信心和有信誉的共享领导力内部团队教练，作为内部人员，他们将成为促进共享领导力文化在组织中"活跃起来"的催化剂。这个核心小组将能够做几件事：

（1）扩大基础。核心小组可以在组织内发起并实施共享领导力发展项目，扩大具有共享领导力核心理念和技能的团队领导者的基础，并邀请他们在项目过程中运用所学的共享领导力的5项行动准则与工具带领团队共同践行共享领导力，在项目中增加进度检查站、评估和辅导。这些将为团队带来很大的积极正向的影响和改变。团队的正向改变和反馈将为说服高层领导团队接受共享领导力团队文化提供宝贵的实践证明和数据支持。

（2）扩大倡导者和拥护者。在整个组织中扩大倡导者和拥护者的数量将有助于传播关于变革工作重要性的信息，这些倡导者和拥护者是那些曾经体验过共享领导力文化的团队领导者，他们曾经经历并参与过团队的正向改变，现在已对共享领导力文化能为企业团队带来的积极影响和改变深信不疑。他们将是你最好的支持者与榜样人物，同时还可以通过帮助这些倡导者和拥护者获得共享领导力团队教练的全面认证，支持他们收获更多的成长，通过这样的方式，核心小组将拥有更多训练有素的资源来创造更大的成功。

（3）扩大体验。帮助你的支持者和倡导者在他们的部门或团队中实践并落地共享领导力的行动准则，包括为他们的团队成员提供相关技能培训，衡量他们取得的成果，收集他们的反馈并评估他们产生的影响。这些数据将帮助你形成你的商业案例。

（4）扩大推荐范围。沟通有关成功的信息是获得更多关注与兴趣，并确保信息被积极植入员工大脑的关键。这些成功信息包括通过拥抱共享领导力行动准则取得的积极的定性和定量成果、受到正向影响改变的企业客户案例和推荐信。可以将这些成功故事和推荐信汇编成册，通过创造性的方式呈现在与员工沟通的各种渠道中，强化变革的商业理由。

以下是需要注意的其他要点：

（1）在已有的基础上继续推进。虽然你想让共享领导力成为新的领导方式，但它绝不是排他性的。它可以被视为一个底层基础，现有的企业文化和领导风格可以建立在它之上。例如，一个已经或正在建立教练文化或敏捷创新文化的团队或组织，可以将共享领导力作为巩固和加强这种文化的基础。

（2）找机会体验"共享领导力"。共享领导力行动准则和"行动—反思—学习"原则和工具最好通过解决现实工作中遇到的实际挑战和问题来学习。所以你可以在心中考虑一个问题：什么时候、在什么地方可以成为领导者在行动中体验共享领导力的最佳时机呢？

（3）选择合适的部门或团队来启动。在一个大型组织中，你可以选择的部门和团队有很多，而选择合适的部门或团队来启动至关重要。一个重要的选择标准是这个部门或团队的领导者对共享领导力理念展现出的热情和承诺度，他们的热情和承诺度会让他们保持思想开放，渴望学习，愿意尝试新事物，同时在实施过程中坚持不懈，这些都是成功试点的基本要素。

（4）让根扎得更深。重要的是能在一段时间内持续滋养、关心、支持、陪伴团队领导者及其成员，直到新的习惯和规范深入人心，只有这样，你才有可能看到成果。共享领导力可以分阶段实施，让核心小组或领导团队有足够的时间和团队一起工作，以确保共享领导力在组织内生根。如果你行动太快，就有可能没法让树根牢固地扎入土壤中，导致过不了多久，被其他事件或公司倡议连根拔起。

（5）衡量进度。持续从质量和数量方面衡量变革所取得的进展，将为领导者和倡导者们提供下一阶段的工作重点和持续改变的动力，记住"能衡量的事情就能完成"。持续地认可那些变革的领导者和拥护者也很重要，因为"被认可的东西就会被重复"。庆祝成功，无论是大的还是小的成就；也可以定期向高层领导团队汇报所取得的成果。高层领导团队总会在某个点位上关注到共享领导力在团队中产生的影响，并支持将共享领导力作为企业领导力和新的企业文化。

洞见

文化对我们的员工、团队的绩效表现、组织和业务都有着重大影响。我们所期待的那种文化并不能天然地形成，我们需要更有意识地采取恰当的方式主动塑造企业文化。无论是现在还是将来，共享领导力的5项行动准则将为你发展和塑造你所需要的文化提供强大的基础支柱。

底线是：

· 明确"为什么"，培养变革的倡导者和拥护者。

- 让领导者参与进来，共同创造和共同拥有变革。
- 制定清晰的变革实施与沟通蓝图。
- 保持专注，衡量进展，用结果激励更多人。
- 践行你自己所倡导的，因为文化是滋养出来的，而不是教出来的。
- 认可并庆祝每一项成就，无论大小。
- 坚持不懈，保持耐心。你和所有参与者将看到和享受新文化所带来的卓越成果。

15

实现战略重点——可持续发展

我们邀请了 LIM 公司的前合伙人、全球可持续发展思维领域的意见领袖伊莎贝尔·瑞曼兹来撰写关于"实现战略重点——可持续发展"这一章内容。培养可持续发展的心态是所有领导者和教练的责任和机会,本章作者将带你一起探索,作为领导者和教练,我们还能做些什么以推动可持续发展成为战略重点。

——作者

我们必须双管齐下:在教授净现值、标准资产负债表项目的同时,弄清楚如何将可持续发展思维融入课程或者供求关系中。

——莉莉安·米赫(Ilian Mihov)教授 欧洲工商管理学院院长

"12 解决 VUCA 时代的困境"从两个维度介绍了可持续

发展的重要性：

（1）地球的可持续发展；

（2）组织的可持续发展。

对当今 VUCA 时代特征的详细探索，突出了企业采取领导力实践来应对动荡、不确定、复杂和模糊的时代的重要性，而探索的背景正是组织的可持续性。

在本章中，我们的重点将放在可持续发展的另一个角度，即与地球有关的更广泛的角度。虽然这种区分在某些情况下是有用的，但它可能导致一个误解，即这两种角度是可以分开来独立处理的。

几年前，我曾与上海一所商学院的院长进行过一次交谈。这次谈话的过程中，院长提到了一个关于地球正面临可持续发展的挑战的演讲，他评论道："我们哪里有那么多闲工夫去考虑地球，我们得首先关注我们的商业！"然而，今天他已经拥有了全然不同的想法，因为我们都意识到，商业发展与地球环境的可持续发展是紧密联系在一起的。在单一组织中构思、策划、实施可持续发展可能相对容易，但现实是，除非人类共同关注我们所在星球的脆弱性，否则商业发展就是不可持续的。受到海啸、干旱、洪水、流行病、社会动荡以及各种政治冲突和战争对全球供应链带来的破坏和影响，企业盈利能力也已经受到了直接而深刻的影响。我们不能再继续无视地球环境的可持续发展。

正确的思维

2005 年,电影《难以忽视的真相》(*An Inconvenient Truth*)上映,是我们了解地球面临的挑战的一个重要的里程碑。2007 年,美国副总统阿尔·戈尔(Al Gore)获得了诺贝尔和平奖,同一时间,我在纽约哥伦比亚大学师范学院开始深入研究商业领袖对可持续发展的潜在影响。具体地说,我研究了那些倡导对地球产生积极影响的商业领袖的成长过程和动机,以及我们是否可以确定性地有意识地发展领导者的某些方面,无论是知识还是思维方式,以培养和塑造对社会和环境负责任的新一代领导者。

这项探索性研究的结果确定了领导者的一系列思维方式,即领导者是如何思考、处理和解释信息,以及解释领导者自身,诸如他们的价值观、目标感,他们与自然的一体感相关的多个方面等,这些方面对于培养和塑造负责任的新一代领导者,实现地球和商业的可持续发展至关重要。

有了这个新的研究成果,我受邀为新泽西州费尔利·迪金森大学酒店与旅游硕士学位的学生设计了一门培养可持续发展思维的课程。结果非常出色,这一课程对学生如何看待自己、彼此和世界都产生了变革性的影响,并直接影响到了他们的行为和习惯。随后我们对该课程进行了进一步迭代，并在其他商学院包括纽约福特汉姆大学、佛罗里达州新东南大学、英国金斯顿大学、西班牙纳瓦拉大学、摩洛哥阿卡瓦恩大学教授同样的课程。后来，我们与来自57个国家220多所大学和商学院的教授们展开长期的基础教育教学合作，再通过教授们的教学活动广泛培养学生可持续发展的心智模式。我们用学生们的话语记录并描述了在参与教授们推行的这些教育活动的过程中，他们自身发生的诸多思维转变的故事，这些故事被我们记录在了最近出版的《可持续发展教育革命：思维转变的工具和故事》（*Revolutionizing Sustainability Education: Tools and stories of mindset transformation*）一书中。

什么是可持续发展思维

在前一章中，我们用冰山来比喻组织文化。冰山的可见部分是业务决策、流程和行动；而冰山水面下的不可见部分则包含了愿景、价值观、隐藏的信念、假设和规范等，这些都是形成和制约冰山水面上可见行为的因素。

我们可以用同样的冰山来描述一个人的可持续发展思维。在水面之上，是我们可以观察到的个体的行为、决策和选择；水面下则隐藏着一个人基本的价值观、信念、假设和信息处理的方式，它们塑造和制约着可见的行为。可持续发展思维是一种独特的将地球的可持续发展放在第一位的思维和存在方式。

这里有一个例子。一位营销副总裁正面临一个艰难的决定，她刚刚得知公司最主要的竞争对手即将推出与他们公司正在开发的一款产品非常相似的产品，由于生产总监需要更多的时间来修复测试阶段发现的一些随机错误，他们的这款产品还没有准备好上市。但是，他们已经为这款产品投入了巨大的研发资金，她绝对不能错失上市的先机。最终她决定授权产品抢先上市，并表示对可能发生的任何问题承担责任，"如果真的发生了什么问题，那就到时再解决吧"。

> 可持续发展思维是一种独特的将地球放在第一位的思维方式。

这个例子里，这位副总裁展示了一种要么赢要么输的二元逻辑和短期思维，只能碎片化地看待信息，只关注产品的抢先发布，而忽视了一些系统性的问题，包括该产品可能给客户带来的潜在问题、对品牌的潜在损害、法律诉讼风险等。仓促地进行产品发布还可能带来一些其他后果，例如未能充分考虑如何处理产品生产过程中产生的相关污染物，可能出现的不必要的、不合适的包装，甚至可能对用户产生未披露的（不受管制的）健康影响。这种事经常发生！

其他影响她决策的一些"水面下"的因素包括：她个人

对时间节奏的感知，比如要行动迅速，不能花太多时间分析假设或利益相关者的观点；可能还有一些身份因素，比如希望被别人视为自信、行动果断的领导者，而不是犹豫不决或"软弱"的领导者。

可持续发展思维包含 12 项原则（见图 15-1），分为四个内容领域：生态世界观、系统观、情绪智慧和灵性智慧。

系统观
长期思维
循环圈
兼收并蓄
相互依存

生态世界观
生态认知
我的贡献

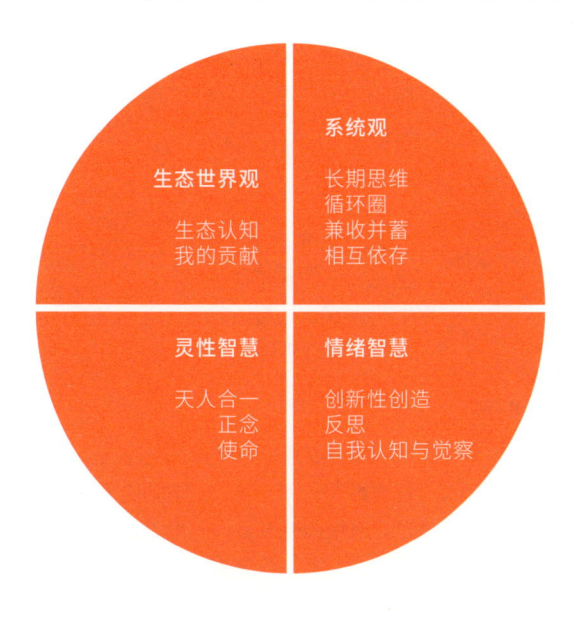

灵性智慧
天人合一
正念
使命

情绪智慧
创新性创造
反思
自我认知与觉察

图 15-1　可持续发展思维的 4 个领域和 12 项原则

为什么这很重要

当我们仔细审视我们正在面临的不可持续发展的问题时，

我们很快就会意识到，许多问题都是人类行为直接或间接的后果——而这些行为又是我们的价值观、信念和假设的结果。

表15-1 不可持续发展的问题

问题	导致问题的行为	潜在的思维
洪水和山体滑坡造成人员疏散和财产损失。	砍伐森林以获得养牛的土地，种植有利可图、需求量大的单一作物（大豆、玉米、油棕等）。	短期思维； 二元思维（要么赢，要么输）； 不是我的问题。
水道中的塑料；微型塑料通过海产品进入食物链，对健康产生不确定的影响；带来巨额清理费用；经济损失及对旅游业的消极影响。	不恰当的塑料容器、包装、部件和产品的生产过程，处置方法和废物管理不善。	短期思维； 新产品提供的舒适感； 创新是第一要务； 没有看到事物之间的相互联系； 只关注增长和利润。
生物多样性丧失，物种灭绝，影响不确定。	城市无序扩张，土地管理不善。 自然区域的开发。 建设水坝、高速公路。居民搬迁。	快速决策； 短期思维； 优先考虑增长和利润； 相信人定胜天，人类的聪明才智能解决问题。

我们如何培养可持续发展的思维

可持续发展思维的12项原则提供了一个框架，让我们关注我们的思维模式和习惯，并培养可持续发展思维。

在生态世界观中，有两项原则：

（1）**生态认知**：了解地球的现状能让我们更充分地意识到各种挑战，认识到这些挑战之间复杂的相互联系，并探索它们对我们的意义。

（2）**我的贡献**：当我们看到自己是如何无意中造成这些问题时，我们就有机会做些什么。这也扩展了我们的意识，培养了我们的社会敏感性。

在系统观中，有四项原则：

（1）**长期思维**：每个行为都会产生无法立刻表现出来的长期后果。然而，我们却经常优先采用短期思维，忽略对商业决策可能产生的长期影响的探索。因此，在分析形势和决策时，平衡兼顾长期和短期两个维度，将对全球可持续发展产生积极的影响。

（2）**兼收并蓄**："非此即彼"的思维常常让我们只能看到一个两极分化的世界，而兼收并蓄、和而不同的思维能让我们理解悖论，并呼吁我们采取能够包容所有利益相关者的创造性解决方案。

（3）**循环圈**：自然界中没有完全线性的过程，万物都在出生、成长、死亡和重生中循环往复。人类可以不受这一自然法则的支配的想法，完全是一种误解，这在许多方面导致了人类的错误行为，造成了地球的不可持续发展。

（4）**相互依存**：当我们看到彼此之间的依存关系时，我们就会理解多样性的重要性，我们的决策和行动就会变得更具包容性，这有助于整体的可持续发展。

在情绪智慧中，有三个原则：

（1）**反思**：反思练习有助于我们先暂停下来思考具体情况及其影响，然后再开始采取行动。

（2）**自我认知与觉察**：当我们探索自己的价值观、信念、假设和动机时，就会对自己的行为有更好的控制，看到新的替代行为。

（3）**创新性创造**：韧性的基础是持续的创新、实验和创造。当我们忽视了自己拥有的非理性智慧时，我们的解决方案就会遗漏关键信息，并可能对生态系统和社会产生负面影响。

在灵性智慧中，有三项原则：

（1）**天人合一**：能够理解我们与大自然是一体的，是众多物种中的一种，这是一种强大的精神体验，它可以塑造我们的行为，从而在所有生物之间建立更和谐的关系。

（2）**正念**：正念是完全处于当下，体验与一切存在的联系。正念提高了人们的意识和同情心，使人倾向于采取更有利于社会和环境的行动。

（3）**使命**：明确自己的使命将在无意识中为我们提供一个指南针，当它以更高的自我价值观为基础时，我们就会积极地塑造一个更美好的世界。这些原则为思维的复杂性提供了支撑。它们当然不是思维的唯一组成部分，但事实证明，它们是促进思维转变的简单途径。

> *这些原则为思维的复杂性提供了支撑。它们当然不是思维的唯一组成部分，但事实证明，它们是促进思维转变的简单途径。*

和大多数变革一样，意识是第一步——既要意识到上述所列出的 12 条可持续发展原则，也要意识到自己与这些原则有关的信念和行为。

有很多资源能帮助我们培养可持续发展思维，比如各种丰富的资料、文献和可持续发展心智指标（Sustainability Mindset Indicator，简称 SMI）。可持续发展心智指标是一个个人发展工具，它可以映射和剖析个人在实现可持续发展思维过程中处于什么阶段。SMI 提供的个性化报告中会包含建议以及值得我们思考的问题，同时，它也是教练和领导力发展专业人士的工具，能提供团队的整体情况和重点干预的建议。

其他资源包括针对教育工作者、教练、人力资源业务伙伴、企业培训师、学习和组织发展专业人士的资源手册，专门培养可持续发展心智模式的练习，以及具体的可持续发展思维培训和认证。

这对领导者、教练、团队和组织有什么意义和机会呢

我将这一章命名为"实现战略重点——可持续发展"，选择这个标题是有充分理由的。虽然本书前面的章节已经对地球和组织的可持续发展做了区分，但这只是一种操作层面上的区别，是为了加深对两者的分析，绝不代表这里可以做选择。我们每天都听到一些商业人士把公司发展放在首位，推迟或无视地球的可持续发展。然而，将地球的可持续发展视为可有可无是短视的。首先，地球包括社会和环境两方面，而不仅仅是地质或气候相关的因素（尽管如此，这些因素并不小），当我们把地球理解为我们赖以生存的整个生态系统，而大自然是我们发明和使用的每一种产品的唯一来源时，我们就更能理解我们与"这个星球"的相互关联。

如果我们没有有意识地保护地球，那我们最终就是在与它作对，因为我们在持续制造问题时，并没有在日常决策中包含问题的解决方案。此外，与地球为敌意味着违背我们自

己的利益，无论是作为股东、利益相关者、员工还是个人，我们都是联结在一起的，并不存在另一个星球。

> 对整体可持续发展的理解不是可有可无的。它应该成为战略优先项，因为一旦我们不加以重视，它就会成为一种战略负担。鉴于挑战的复杂性和紧迫性，共享领导力行动准则是这场风暴中有用的救生筏。

在前一章中，我们强调了共享领导力行动准则对公司可持续发展的重要性。在 VUCA 时代，共享领导力行动准则是应对充满挑战的不确定市场和环境的战略选择。

此外，共享领导力行动准则对地球的可持续发展也至关重要，无论是否是有意为之，我们的每一个日常决定都会对地球产生影响。对整体可持续发展的理解不是可有可无的。它应该成为战略优先项，因为一旦我们不加以重视，它就会成为一种战略负担。鉴于挑战的复杂性和紧迫性，共享领导力行动准则是这场风暴中有用的救生筏。

因此，每位领导者，每个团队、教练和组织都有机会也有责任提出以下问题：

· 我将如何做才能更好地了解自己的心智思维呢？

- 我需要进一步培养可持续发展思维的哪些方面？
- 我需要与谁建立联结才能成为这一领域变革的促进者？
- 我需要与每一个利益相关者签订什么协约？
- 我将如何汇集他们的想法、感受和智慧，确保他们的声音被听到？
- 我们将如何合作、共同规划，然后做出可衡量的改变？
- 我们将如何挑战现状，从而不断学习和成长？
- 从可持续发展的维度看，作为一个团队，我们如何做才能实现可持续性？
- 作为组织和企业，我们能为我们的星球做点什么？
- 我们如何通过与地球和谐相处来改善我们的业务结果？

通过提出上述问题并获得答案，我们将激发一种新的思维方式，从而改变作为领导者和教练的行为，并形成可持续发展思维。这里有一个问题要问我们每一个人："我该做些什么？"

第四部分
采取下一步行动
Taking The Next Step

16

成为共享领导力团队教练

> 团队教练是与团队的领导者及成员共同创造和实现更高团队的绩效的过程,以相互独立且依赖、自我实现和团队学习为关键成果。
>
> ——作者

现在,绝大多数领导者和组织都对教练的概念很熟悉,并且都在强调教练的重要性和教练文化带来的好处。

国际教练联合会和人力资本研究所(HCI)在 2019 年进行的一项研究表明,拥有强大教练文化的组织中,其中有 54% 被评估为高绩效组织;反之,在没有强大教练文化的组织中,只有 29% 被评估为高绩效组织。在这项研究中,高绩效组织的指标包括高级领导团队的能力与竞争优势、高绩效员工的保留率和雇主品牌的吸引力等。

对能支持各层级的个人和团队成长的训练有素的教练的需求将持续增长。这些教练包括具备教练资格的企业内部的领导者，以及那些为客户提供专业教练服务的组织团队教练、引导师和咨询顾问。

本章将重点讨论"团队教练"的技能和要求，团队教练对于技能和要求的复杂性和多样性都高于个人教练。

相互独立且依赖、自我实现和团队学习是团队实现可持续发展的关键。

团队教练相比个人教练更加复杂，它涉及一系列的人际关系，不同团队成员的不同背景、性格、工作重点、能力以及不同的欲望和需求。

对于许多领导者和教练来说，团队教练是一个相对较新的领域。即使是ICF也是在2020年底才宣布了第一版正式的团队教练核心能力。作为在全球拥有近40年企业团队教练实战经验的专业团队教练机构，LIM致力于团队教练的能力提升，这有助于制定和提高团队教练的标准。我们将继续通过遍布全球的拥有几十年企业团队教练实战经验的教练团队为这个行业做出贡献。

我们将团队教练定义为与团队领导者及其成员共同创

造和实现更高绩效的过程,以"相互独立又依赖""自我实现""团队学习"为关键成果。"相互独立又依赖""自我实现""团队学习"是团队未来可持续发展的关键。在团队教练中,我们不仅希望帮助团队取得更佳的绩效结果,还希望团队能够持续使用和学习他们已经获得的工具,提升和改善他们的沟通、合作、工作方式,相互支持,通力协作,全力以赴,持续获得团队和个人的能力和实力的增长。

团队教练涉及科学、艺术和工具,能帮助团队作为一个整体的绩效表现超越任何团队成员个体。ICF认为,团队教练是与团队共同创造和反思的过程,兼顾团队的动态和关系,激励团队实现团队共同的目标。

为什么教练对每个团队都很重要?团队的核心是实现特定的目标和结果,这就是它存在的理由。我们必须记住:没有一个团队是一开始就做好准备的,我们必须帮他们做好准备。这意味着团队必须被塑造和训练,以最大限度发挥它的价值和潜力。每个团队都有未被开发的潜能,可以将它的业绩提升到一个新的水平。因此,无论起点如何,每个团队都可以从团队教练中受益。

> 没有一个团队是一开始就做好准备的,我们必须帮他们做好准备。

更多指导性和较少指导性两种方法

作为一名团队教练,在教练团队时,你要灵活地将更多指导性和较少指导性两种方法一起整合应用。想象一下,在你的面前有一条线,线的两端分别是更多指导性和较少指导性这两种方法,而你需要做的是根据实际情况在线上的不同位置间灵活移动。

1. 更多指导性

当团队能从你的建议和直接分享中受益时,比如获取新信息或新工具,你用的就是更多指导性的方法。当团队成员们绞尽脑汁,思维已经枯竭时,你就可以更多地采用这种方法。通常情况下,当团队成员不知道他们自己不知道时,更多的指导将有助于团队持续向前发展。

2. 较少指导性

使用较少的指导性方法将给团队成员更多的空间和自由度来发展他们自己的见解、解决方案和行动力。当你希望激发团队成员的深层动力、想象力、创造力、思维能力,允许并赋能他们体验和生成自己的商业洞察和解决方案时,这种方法会是更好的选择。当你的指导性较低时,你不仅赋予了团队成员思考的机会,更重要的是你让他们拥抱了自己的解决方案。更高维度的自主性会带来更高维度的承诺和责任担当。

尽管在与团队合作时，你经常会在这两种方法之间切换，但 70% 到 80% 的时间应该是倾向于较少的指导性。没有什么比让团队成员为自己的解决方案和决策承担 100% 的责任更有力了。

你的角色和不同的参与方式

作为团队教练，我们的目的是与团队合作并支持团队实现它的目的和团队目标，同时提高团队效率。在教练团队时，你可以采用不同的方法来教练团队，具体采用哪种方法取决于团队的需求、条件和具体情况。一个很好的类比是学校的老师，老师会使用不同的方法，如教学、讨论、实验、阅读、电影、团队项目和实地考察，为学生创造学习时刻。

> *没有任何一件事比赋能员工 100%*
> *为自己的决策与方案承担责任更有力量。*

同样地，在团队教练过程中，团队教练会灵活组合使用以下 5 种方式来激发团队的参与度，创造最佳学习时刻（见图 16-1）。

图 16-1 不同的团队教练方法

1. 团队教练与引导

团队教练通过为成员创造一个安全、有利的环境来促进团队成员进行开放讨论。在这个角色中,团队教练会运用丰富多样的引导工具、活动、技能,让团队在追求更高绩效时,团队中每个人的声音、想法、建议和感觉都能得到表达和倾听。通常情况下,讨论往往围绕团队目标,期望取得的结果,团队如何衡量、判断是否取得了想要的结果,以及实现这些目标所需要的资源条件及可采取的行动方案展开。在这一过程中,团队教练的关键任务之一是唤起团队成员对不同维度观点、视角或看法的认识,例如:

·来自过去。
·来自现在。

- 来自未来。
- 来自高层级或战略角度。
- 来自更广泛的平行视角。
- 来自短期、中期和长期。
- 来自不同利益相关者。

用冰山作比喻的话，是指你帮助团队看到整座冰山，让他们看到冰山上面包括自己的行为和举动在内的可见部分的同时，也能看到驱动这一切发生的冰山下面的部分，这时候你已经准备好帮助团队解决隐藏在冰山下面的隐藏动态和问题了，比如目标不一致、团队不投入或任何团队协作的障碍等。

2. 团队建设

团队教练还会设计和运用团建过程中经常用到的一些体验式学习活动，这些体验式学习活动是你团队教练工具箱中的重要组成部分，因为成年人习惯于从经验和反思中学习，他们更喜欢参与以解决问题为导向的学习活动。团队教练帮助他们将体验式学习活动中的经验与他们自己的环境联系起来，使学习更具有相关性、真实性和实用性。体验式的学习活动能促使团队成员身体力行，并能更好地吸引动觉型学习者[1]，充满乐趣，让团队成员从不同的角度看待彼此。

3. 团队学习

团队教练还将扮演老师的角色，向团队传道、授业、解惑。与团队分享必要的知识或技能，帮助团队及时掌握能满足他们当下需求的工具是非常重要的。同时，帮助团队及时学习新的知识、技能与工具将帮助他们更好地解决未来类似的问题。团队教练的"分享"要简明扼要，切中要害。虽然团队教练通常会在团队教练整体项目设计中事先设计好这一部分，但在团队教练的实际学习过程中，团队教练需要及时捕捉合适的时机，向团队传授其当下需要的新的知识、方法和工具。这些即时性的传授可以为团队创造不可多得的强有力的团队学习时刻。

4. 辅导

这种方法指团队教练通过分享自己的经验和洞察来辅导团队。团队能够从团队教练的个人经验故事和洞察中，包括团队教练在带领组织团队转型突破过程中的成功与失败的经验洞察获得知识。当团队在讨论他们的关键问题与战略决策

---

[1] 动觉型学习者是通过身体活动、亲身体验和运动学习时效果最好的人，他们更喜欢通过触摸、操作工具和表演动作来学习，这种学习方式通常包括建立模型、做实验或使用物理对象来理解概念等活动。——译者注

时，团队教练可以为团队提供一些反思和决策的参考经验和维度。团队教练通常只在关键时刻对团队进行辅导，因为团队教练需要让团队成员之间有更多的交流时间，而不是听自己讲太多话。所以团队教练只在团队最需要时或受到团队邀请时分享自己的经验和洞察。

5. 团队咨询

团队教练也需要为客户提供专家建议。绝大部分的咨询都发生在组织需求探询与团队教练项目设计阶段，包括探询、收集和分析组织数据，与关键客户一起进行组织诊断，定义团队教练项目需求与目标产出，并与关键客户共创出适合的团队教练方案。在团队教练过程中，团队有时也会向你征询"专业"建议。与辅导相同，团队教练应该只在团队需要的时候才分享自己的专业咨询建议。简而言之，控制好自己，不要剥夺团队自己探索和学习的机会。

本质上，团队教练会灵活地综合运用以上 5 种方式。在每个项目过程中，具体每种方式会花多少时间取决于项目的背景、目的、目标产出结果，以及客户团队的实际情况。在团队教练项目开始实施之前，团队咨询是最主要的方式，通过组织探询、发现和诊断，精准定义团队需求、目标产出结果，从而设计团队教练方案与过程。

在团队教练实施过程中，为了更有效地支持和赋能团队学习和成长，团队教练会经常用到团队引导、团队学习与教学和一些用于团建的体验式学习活动。团队辅导和咨询建议只有在团队需要的时候才会使用。

一方面，一个好的团队教练在项目开始时，要深思熟虑地做好项目设计的工作并为项目成功实施做好准备。另一方面，随着团队教练过程持续推进，团队教练要时刻准备好在教练现场依据团队新涌现的见解、想法或问题，或意外发生的事件或行动，随时调整自己的既定计划。正如我们的一位教练常说的，"地势与地图永远存在差异"。重要的是，团队教练要随时准备好适合的工具、技能、洞察力和判断力，为客户提供灵动而全面的服务。

团队教练的核心技能

团队教练在教练现场必须保持 100% 的临在感与敏锐的团队洞察力，并随时准备采取任何必要且恰当的行动来支持团队。这包含以下 6 项核心技能：

表16-1 团队教练的核心技能

团队教练核心技能	具体应用
1. 组织探询、方案设计与组织技能	在进行团队教练之前,你需要从客户那里收集必要的信息,发现客户的需求和需要。依据收集到的信息,与客户共同进行信息诊断,并与客户共创恰当的团队教练方案。 一旦方案获得客户认同,团队教练需要使用组织技能来计划、协调、准备并确保团队教练方案实施过程中所需的所有关键人与关键要素都能快速到位并协同。这些要素包括关键利益相关人与关键客户的准备、教练人员的准备、场地设置、物料和其他项目细节以及后勤保障。
2. 临在与倾听	临在与倾听是教练最关键的两项技能。你有能力投身到团队之中,倾听并观察团队动态、个性特征、态度、能力、行动及团队中正在发生什么,这将帮助你清楚地了解团队的状况与需求。同时团队教练需要采取适当的行动,包括按下"暂停"键,帮助团队即时学习一种工具或反思他们的感受和经验,帮助团队应对现场发生的问题或挑战,或是对原始的团队教练方案和流程设计进行即时修改。
3. 引导及提问	为团队成员营造并保持安全的心理环境,鼓励他们展现联结、关怀、开放、好奇心与勇气,更好地协作、做出承诺并共同学习。提出强有力的教练问题,促进团队反思、讨论、倾听房间里所有人的声音和内心所想,并让成员们自由表达。使用各种引导流程与体验式的学习活动创造强有力的学习洞察时刻,提升团队能量。

续表

团队教练核心技能	具体应用
4. 沟通和鼓励	用易于理解的方式向团队传递概念、流程和关键信息是团队教练的一项基本能力。当团队教练沟通得当,团队成员们将更有可能接受、记住和应用他们所学到的知识。团队教练还需要善于鼓励团队领导和成员走出他们的舒适区。有效的团队教练过程可以帮助团队实现变革并持续改进。
5. 洞察与反馈	团队教练要能熟练地为团队提供及时的洞察和反馈,提高团队整体觉察与意识,并依据反馈采取必要的改进行动。全然地投入、敏锐和勇气将有助于团队教练接收、提取并选择团队在视觉、语言和声音各个维度上展现出来的信息和动态,并及时反馈给团队,有效地唤起团队的觉察和意识。
6. 挑战与学习	团队教练需要能够在团队个人、专业能力、团队整体、组织、业务和可持续发展等多个方面挑战团队,突破团队"边界",使团队更上一层楼。团队教练需要抓住并利用每一个能够让团队产生重要的即时性学习的机会。团队教练需要以身作则,对倾听获得的新的知识与洞见充满好奇,乐于接受任何团队成员的挑战,成为团队可以积极学习的榜样。

团队教练的必备素质

一个合格的团队教练应该具备以下 5 种品质,每一个有抱负的团队教练,通过自己的勤奋和毅力,都可以获得:

1. 能力

合格的团队教练具备与团队教练相关的科学、艺术和工具运用的能力。所谓的科学是指运用对成人学习、发展、改变的科学研究与教育学加速团队学习与成长的能力。在 LIM，我们共享领导力团队教练积极应用"行动—反思—学习"十项基本原则，在不同行业和地域都产生了强大的学习影响力。团队教练的艺术来自将个人的心智模式、经验、智慧、团队洞察力和判断力应用到团队教练过程中，无论是精心设计的团队教练解决方案，还是在客户需要时，为客户提供即时性的学习机会或调整团队教练过程与方案。团队教练能力的提升没有捷径可以走，需要满足现在和未来的需要，不断地反思学习与认真地上场磨砺。主要的学习实践活动包括定期参与反思性教练督导、辅导和企业真实项目实践社群（如你想获得反思性团队教练督导或参加 LIM 中国企业真实教练项目实践社群，可搜索共享领导力团队教练小程序），这种不断发展自己的强烈愿望本身就是强有力的。

2. 信心

团队教练必须是自信的，并能够将这种自信传达给客户。信心来自能力，也来自充足的准备，一个有能力、有充足的准备、脚踏实地的团队教练将有信心与客户一起应对团队正在面临的任何挑战。信心也来自拥有一套经过充分验证的团队教练工具。很多时候，团队教练都会经历首次将某个工具用于某个真实客户，而如果团队教练知道该工具已被其他教练伙伴成功使用过，就会极大增强团队教练使用它的信心。信心是一个重要的品质，因为它增加了客户对团队教练的信任。

3. 信誉

当团队教练向客户展示出自己对团队教练工具的熟练精通，并能够帮助客户利用团队教练工具提高团队效率时，团队教练的信誉就会慢慢展现出来。当客户注意到团队在教练过程中，以及在教练之后发生的小的改进和变化，团队教练的信誉就会持续提升。更多坚实的信誉是团队教练从和客户合作的实际过程中获得的，包括帮助客户实现他们所期望的定性和定量的结果、产出和回报。想通过为真实客户提供团队教练服务练习团队教练技能并不容易，因为许多客户不愿意雇用没有经验的团队教练。新手团队教练的一个可行策略是寻找你的朋友和关系网，邀请他们给予你上场的机会。另一个可行策略是加入团队教练社群，在那里你可以与其他有经验的团队教练合作，共同完成团队教练任务。

4. 好奇心

当团队教练出于好奇心向团队提出问题时，好奇心会让团队教练的思想、心灵和所有感官都保持开放，这种态度对团队教练和他的客户都很有价值。因为当团队教练不做任何假设，好奇心就会促使团队教练提出一些团队可能从未思索过的好问题，在这个过程中，团队将取得新的突破。

5. 勇气

这是团队教练的另一个宝贵品质——敢于直言，尤其是在客户不想探究的领域，但事实是他们需要听到你的直言。挑战客户需要勇气，尤其是在面对团队客户时，团队教练必须有足够的勇气带领客户团队离开他们的舒适区，进入挑战区与学习区，使他们尝试新事物，获得新经验、新学习和新能力。

支撑这 5 项品质的基础是真实。一个真诚、可信赖、脚踏实地的团队教练，通常在最初几分钟的互动中，就能与领导者和团队建立信任。如果一个团队教练没有展现出真实，并且过于努力地去表现自己，那么由于缺乏信任，他/她将在团队教练过程的每个阶段都面临挑战。

我们作为团队教练的目的

通过阅读前面的章节和内容，你会发现，作为一个团队教练，你的目的、使命和带来的影响会让自己感到极大的满足。它不仅可以帮助客户提高绩效表现，也有助于他们自我激发、自我维持，即使在没有你的情况下，依然能够持续学习和成长。

我们的目标应该是让团队拥有自我更新、自我创造、自我实现的能力，并最终把自己从这份工作中抽离出来！这是我们作为团队教练能够给到团队的最好的礼物，形象的说法就是团队教练以非常积极且持久的方式影响了团队所有人的思维认知、心灵成长、行为方式以及内在勇气。蓬勃发展的团队将有助于创建蓬勃发展的组织，蓬勃发展的组织中的员工在每天工作结束后都会将快乐和满足带回到家庭里，带回到孩子身边。这样，我们就会养育出蓬勃发展的年青一代，并创造一个更加美好的社会。我们共享领导力团队教练都受到这一共同愿景和目标的激励，这是我们这代人为我们自己和子孙后代创造一个更美好的世界所能够也应该做出的贡献。

成为共享领导力团队教练

成为共享领导力团队教练最有效的方法是向他人学习。正如牛顿曾说的，站在巨人的肩膀上可以让我们看得更远。我们在团队教练方面曾向巨人们学习，今天我们也希望能帮助其他人看得更远。

共享领导力团队教练学院是 LIM 的教育部门，为领导者、有抱负的教练提供支持，并对想要学习团队教练的科学、艺术、理论工具和现实应用的教练们提供专业的团队教练认证课程。它也适用于想学习新技能和新工具的培训人员、引导师和咨询顾问。

图 16-2　共享领导力团队教练学院徽章

共享领导力团队教练认证项目（TCCP®）是国际教练联合会批准的一级项目，旨在培养教练运用共享领导力 5 项行动准则和"行动—反思—学习"十项原则、流程和工具进行团队教练的能力和信心。共享领导力团队教练认证课程 TCCP® 的目的是在全球范围内培养更多有能力的共享领导力团队教练，赋能个人、团队、组织可持续发展与改变，创造并维持一个更美好的世界。

图 16-3　共享领导力团队教练徽章

TCCP® 项目是以下人员的首选：

1. 有抱负的新手教练

从共享领导力入门基础开始学习，逐步成为有能力教练团队和个人的共享领导力团队教练。TCCP® 将使你获得 ICF 一级证书（Level 1），这是获得 ICF 助理级认证教练（ACC）证书的先决条件。

2. 有经验的个人教练

你将学习共享领导力团队教练所需的理论、技能和关键诀窍。这是一门非常实用的课程，你不仅能获得共享领导力团队教练需具备的理论知识、方法和工具，还将参与真实的实践练习，将所学习到的知识和工具应用于真实客户。共享领导力团队教练认证课程 TCCP® 还将帮助你获取 ICF 高级团队教练认证（ACTC）证书。

3. 领导者和内部教练

领导者和内部教练可以通过量身定制的公司内部共享领导力团队教练认证 TCCP® 课程学习团队教练技能。这使得同一组织中的一些领导者能够得到发展，并掌握相同的教练理念和工具包。（请联系 J&C 奕洵了解更多相关信息。）

实践社群

在课程中，你将与共享领导力团队教练学院里的工作人员、教练和同学一起学习，在真实企业客户团队教练场景中实践你的团队教练技能。作为一名毕业生，你还可以继续在学院的共享领导力团队教练实践社群、TCCP校友会里与其他已经毕业的同学联结，共同服务于真实企业客户或参加各种实践社群学习活动，继续深造和交流。我们相信，随着我们共享领导力团队教练实践社群与校友会的发展壮大，我们对全球范围内领导力、团队教练和可持续发展的贡献也将不断扩大。

图16-4 共享领导力团队教练全球研习社群徽章

洞见

我们相信，共享领导力团队教练的影响是深远的，一个训练有素的共享领导力团队教练可以为组织团队带来巨大的益处，包括：

·团队充满动力，运转良好，有望实现目标并最大限度发挥潜力。

·团队中的每个成员都愿意坦诚沟通，积极投入，自主意识更高，承担更多团队责任和领导责任。

·享有更高绩效的团队文化，并实现可持续发展。

·团队能够合作紧密，胜任工作，满足期望，体验更高质量的工作与生活。

·创造更幸福、更可持续发展的业务、组织、团队、家庭，乃至一个更美好的世界。

这就是为什么成为一个共享领导力团队教练是如此有意义和鼓舞人心，你正在鼓励并赋能领导者与他们的员工分享更多的影响力、权力和主人翁意识，这使团队成员有更多的自由和空间畅所欲言，挺身而出，以更大的使命感承担更多的领导力。

虽然作为共享领导力团队教练每次只是和一个团队一起工作，但你永远不会确切地知道团队教练的工作所产生的涟漪效果，你也永远不会确切地知道这涟漪会波及多远，会持续多久。不过有一件事情是肯定的，所有这一系列的影响都将从你作为共享领导力团队教练，愿意迈出第一步开始。

一次一个团队，创建一个更美好的世界。

附录一
共享领导力行动准则和 ARL 工具摘要

共享领导力定义：共享领导力是一种领导方式，指领导者赋予团队成员更多的影响力、权力和自主权（IPO），使他们具有更高的使命感，坦诚沟通，勇于担当与创造，积极主动，承担更多的团队领导责任。

共享领导力的最好隐喻——雁行

共享领导力行动准则及"行动—反思—学习"原则和工具总结

	共享领导力行动准则	定义	行动—反思—学习原则	本书中重点介绍的"行动—反思—学习"工具
1	联结	"联结"行动准则是在个人和专业层面上参与、投入、理解和关爱。它也是个人与团队、组织和业务的"联结"感。"联结"就是欣赏、关联和共鸣。	原则1：隐性知识 原则2：相关性	签到（04） 延长咖啡休息时间（04） 边走边聊（04） 故事分享（04） 我的故事（04）
2	协约	"协约"行动准则是团队成员对于现在和未来在工作和人际关系的期待方面达成一致协约并给出承诺。"协约"就是承诺和责任担当。	原则3：反思 原则4：自我认知	我们的故事（04） 难忘的瞬间（04） "今日要闻"（04） 创建规范 团队/领导者协约（05） 角色协约（05）
3	汇集	"汇集"行动准则是积极地从团队内外寻求事实、想法、感受、能量以及集体智慧。"汇集"就是保持好奇和完整。	原则5：整合、全人学习 原则6：社交学习 原则7：系统思维	停下—反思—写下来—讲出来（06） 反思与对话（06） 长廊漫步（06） 问卷调研和一对一谈话（06）
4	合作	"合作"行动准则是指为了共同的目标而一起努力。它既包含了规划的科学，又包含了合作的艺术。"合作"就是发出邀请和共同创造。	原则8：引导式学习 原则9：转换视角与模式 原则10：重复和强化	4MAT（09） 会议管理（07） 同伴学习过程—PLP（07） 金鱼缸对话（07） 强有力的计划流程（07）
5	挑战	"挑战"行动准则是不断质疑现状，挑战极限，鼓励新思维，从而时刻保持领先。"挑战"意味着开放和改变。		检核（07） 个人激情项目（08） 5+系统模型（05和12）

附录二
30 个签到问题

什么是签到

签到是一项活动，让团队或小组成员有机会以轻松随意的方式分享一些和自己相关的内容。通常在会议或团队教练开始时都会有签到环节。

它为什么有用

签到很有用，因为它可以快速建立融洽的关系，从而创造一个更轻松和个性化的氛围来开始会议，这样，你就能让每个声音从一开始就被听到。如果你能在开始的几分钟让房间里的每个人都参与进来，那么在接下来的会议中，他们参与和投入的概率就会更高。由于签到是一个允许个人分享的安全空间，随着时间的推移，你和你的团队成员之间的相互信任和理解就会加深。

如何去做

这相当简单。想出一个让每个人都能分享的问题，给每人 30 秒的时间来思考和整理自己的想法。当大家都准备好了，让他们轮流分享。让每个人都知道他们有多少分享时间是一个很好的做法。一个好的分享可以在 30 到 60 秒内完成，根据团队规模的不同，整个过程可以在 5 到 10 分钟内完成。如果你把签到作为团队会议的惯例，你可以邀请团队中的不同成员在每次团队会议上提出一个"签到"问题。

我们最喜欢的"签到"问题有哪些

下面列出的是我们在 LIM 会议和团队教练中最喜欢使用的一些问题，其中很多问题都来自我们的共享领导力教练，你可以尝试添加你自己的问题或改编这些问题，创建你自己的有趣的签到问题清单。

（1）什么会让我微笑？
（2）在工作之外，有什么关于我的"新闻"？
（3）在过去的几周里，我个人经历的一件最好的事情是什么？

（4）最近让我感恩的事情是什么？

（5）我喜欢什么户外活动或消遣？

（6）我最喜欢的饮料（或食物、颜色、动物、度假胜地等）是什么？为什么？

（7）在接下来的一周（或周末）我最期待什么？

（8）过去一周里，我的美好时刻是什么？

（9）周末我通常会做些什么让自己放松？

（10）我最近尝试过的一项新的活动是什么？

（11）我现在很想学但还没有开始的一件事是什么？

（12）关于我，有什么是大多数人不知道的？

（13）什么能激励到我？

（14）我什么时候最具创造力？

（15）什么能帮助我达到最佳状态？

（16）我最喜欢的格言、口号或名言是什么？为什么？

（17）我最拿手的一道菜是什么？

（18）我想怎么庆祝我的下一个生日？

（19）我下一个旅行目的地想去哪里？为什么想去那里？

（20）我想在我的个人生活中添加点什么元素？

（21）未来六个月里我的首要个人目标是什么？

（22）我最珍视的个人财富是什么？

（23）在工作之外，有什么让我感到自豪？

（24）在我年少时，我曾期望长大后做什么？

（25）我最喜欢的家庭成员或朋友是谁？为什么？

（26）我最喜欢的我生活中的一张照片是什么？

（27）我童年的美好回忆是什么？

（28）如果我能回到过去，给年轻的自己一些建议，我会给他/她什么建议？

（29）哪本书对我的生活影响最大？为什么？

（30）我做过最好（最差）的决定是什么？

使用签到的结果是什么呢

涓涓细流，汇成大海，这些智慧之言都会在签到环节中一一涌现。你花在签到上的 5 至 10 分钟，将有助于在团队中建立深度的信任、关系和联结。签到能让工作场所更有趣、更温暖、更人性化，"感谢老天，今天又是令人期待的一天！"

附录三
15 个常见问题

多年来，我们收到了许多来自我们的学员和客户关于共享领导力的行动准则和团队教练的问题，我们选择了15个我们认为读者可能会感兴趣的问题，并将我们对这些问题的回答分享给大家。

共享领导力的行动准则

1. 为什么共享领导力在高管教练和团队教练中都很强大

作为高管教练和团队教练，我们经常有机会教练团队领导者，他们关心的诸多问题都围绕着"我如何才能成为一个更有效的领导者，并让我的团队发挥出最大的潜能？"。而一旦我们理解了什么是共享领导力行动准则，我们就能更好地向领导者提出与这5项行动准则相关的问题，并帮助他们看到他们正在做的事情哪些是有效的，哪些是他们可能要考虑改变的地方。我们凭借所拥有的知识和能力提出有效的开放式问题，并在适当的情况下为他们提供相关的共享领导力框架和工具，帮助他们从焦点问题落地到他们自己定义并承诺要进行的具体变革。

2. 作为教练，我们如何在客户身处的组织系统环境中支持他们共享他们的领导力

第一，我们自己必须理解并始终践行共享领导力。

第二，我们可以鼓励客户围绕四个相关问题展开对话：它是什么？为什么它是一种强有力的领导风格？它是如何运作的？要真正在我们自己的团队和组织中接纳、调整和应用这些行动准则，我们能做些什么？

第三，我们可以支持高层领导团队采纳和示范共享领导力行为。

第四，我们可以鼓励高管团队向他们自己的团队推广应用共享领导力的行动准则和工具。

第五，我们作为教练为他们应用推广共享领导力提供支持，以实现这一目标。

我们正在应用共享领导力支持组织团队发生重大组织模式转变，任何公司都可以从中受益，进一步提高员工敬业度，提升团队业绩，增强企业盈利能力。

3. LIM 的雁群标志与共享领导力有何关联

大雁们结伴飞行会比它们单独飞行多飞 70% 的里程。成群的大雁在头雁后面排成队形,头雁能帮助身后的雁群减少风阻,身后的群雁就能在飞行中节省体力和能量,获得额外的升力,维持高度和前进的动力。它们拍打翅膀的次数越少,就能节省越多的能量,整个雁群也就能飞得越远。飞行时,雁群不会让某只大雁一直担当头雁的角色或一直在雁群后面随队飞行,而是会不断轮换,轮流担当头雁。此外,人们还观察到雁群会支持那些生病的大雁彼此互相照顾。这让我们印象深刻,我们也将雁群当成共享领导力的一个重要隐喻。

4. 一个领导者如何在团队中既当领导者又当教练

我们生活在这样一个时代,人们期望领导者用更少的资源和时间做得更多、更好、更快。团队不可能总是有教练陪伴,因此,成功的团队领导者越来越多地需要"戴"两顶"帽子"——领导者和教练。这两个角色的挑战都很大,因为它们会涉及很多职责以及不同技能的组合。此外,这两顶"帽子"戴在不同的场合有不同的用途,领导者必须清楚每顶"帽子"的职责,并将团队成员的发展看成是自己的总体责任。这样做的时候,领导者不仅会关注自己在业务运营方面需承担的任务与职责,同时也会关注自己作为领导者发展团队的任务和职责,这两者都有助于其为公司培养新的领导者。

在共享领导力中，领导者可以将这些任务和责任分享给团队成员，让团队成员共担的行为不仅能有效减轻团队领导者的工作负荷，让自己有更多的时间来计划和思考公司或团队的策略方向，同时也能让团队成员有机会学习领导者所需的核心技能，这显然是一个双赢的局面。但这里也提请大家注意：有一些责任团队领导是无法让团队共担的。

5. 我们如何帮助权威型领导者踏上共享领导力之旅

我们所能做的就是清楚地阐明什么是共享领导力——领导者如何通过运用新的领导方式有效分担责任、寻求团队支持和帮助让团队领导力变得更有效率。大多数领导者仍然认为要提升团队的盈利能力和实现更高的绩效结果，他们就必须对团队提出更高的绩效目标、标准或要求，但他们却忽略了带着同理心去询问、倾听、观察、反馈、坦诚沟通，为团队成员创建能够自由表达的心理安全感也是非常有力量的。他们错误地认为作为领导者自己就应该知道所有问题的答案，应该为团队提供所有问题的解决方案，寻求团队的帮助和支持是软弱无能的表现。为了能帮助权威型的领导者踏上共享领导力之旅，我们会鼓励并邀请他们反思自己过往作为领导者的经历，回忆当自己表现出最佳领导者状态时，自己当时做了什么？自己是如何思考和表现的？在回忆的过程中，他们总是会发现自己当时展示了某些共享领导力行动准则！一旦他们意识到持续这些行为是真正有效的，他们就会准备好采取一些微小的行动，这将极大地提升他们领导力的有效性。反馈和反思是改变一个人最好的催化剂，我们看到许多"权威型领导者"通过寻求和回应团队的反馈而改变。自我觉察是改变的第一步，要有耐心和毅力。

6. 共享领导力如何帮助团队变得更投入、更高效和更幸福

所有工作都有压力，开明的领导者知道如何通过共享领导力让团队能够不加评判地发表意见，自由表达，以此来减轻那些可避免的约束性的压力因素。压力的减轻，最终可以使工作更有吸引力，更有成效，还可以在团队中生成更多的想法、更好的决策、更高的绩效表现、更高的盈利能力和更大的幸福感。

团队教练

7. 根据国际教练联合会的定义，团队教练与个人教练的能力要求有何不同

虽然国际教练联合会对团队教练和个人教练的能力的定义相似，但在应用上两者存在明显的差异。其中最大的区别在于，团队教练更具"复杂性"，因为要面对更多人——相较于个人教练的对象只有一个人，团队教练的成员从三人到

十五人不等，甚至更多。因此，团队教练面对的情况要更加复杂，更具挑战性，也更令人兴奋。团队教练需要注意到团队中存在的人际关系的暗流，确保每一个声音都被听到，被尊重，确保团队决策是具有包容性的，下一步行动计划是清晰明确的，且团队能够支持并践行共享领导力5项行动准则，这就要求团队教练必须经过专业的训练，有经验，有能力，能够冷静、自信并且有效地应对各种"复杂性"。

8. 团队教练与团队引导有何不同

团队教练和团队引导的主要目标成果之一都是帮助团队提升绩效。然而，团队教练与团队引导的区别在于，在团队教练中，始终强调使领导者和团队成员能够：

（1）彼此之间以及与所有关键利益相关者之间能相互依赖并共同思考和合作；

（2）通过掌握团队教练的概念、技能和工具，他们可以在教练缺席的情况下自主应用，从而变得更加游刃有余；

（3）在工作中持续学习，确保他们学习的速度能赶上变化的速度。

另一方面，团队引导师通常不强调在过程中或结束后团队要彼此独立且相互依赖、能够自我实现和自主学习，他们的重点和职责是帮助团队在既定的时间内实现预设的讨论目标。

引导师的注意力集中在引导团队参与并投入当下的问题讨论并产出讨论结果，而不是团队未来的行为改变。然而，团队教练不仅专注于实现当前的团队目标，同时还会考虑后续如何持续推进领导者和团队改变，取得更佳的绩效表现和结果。

9. 作为团队教练，我们如何提高自己的效力和效率

作为团队教练，下面这三个简单的做法可以帮助我们提高自己的效力：

（1）专注于我们自己，发展自己的技能；

（2）不断学习、了解如何掌握共享领导力5项行动准则的方法，并持续扩展我们的团队教练工具包；

（3）保持良好的身体、心理、思想和精神状态。

作为团队教练，下面这三个简单的做法可以帮助我们提高自己的效率：

（1）做好准备；

（2）反复实践；

（3）复盘每一次团队教练会议，反思哪些是有效的，哪些需要改变。

当我们自己这样做时，我们就会更加清晰鼓励我们的团队领导者也这样做是多么重要！以身作则是最好的领导方式。

10.团队教练应该为团队准备好的六个维度的支持是什么

我们认为，团队教练可以帮助团队解决以下六个方面的问题：

（1）个人：引导团队进行签到分享，个人故事分享，不断联结，提高个人觉察和意识；确保每个人都参与其中。

（2）专业：同伴学习；给予和接受反馈；创建学习对话圈。

（3）团队：制订团队规范；明确团队/领导者的期望；商定会议规程；确定如何决策，推动团队改变。

（4）组织：就组织的价值观和行为达成一致；明确角色、期望与职责。

（5）业务：定义团队目的，澄清团队的使命、愿景、战略，确定年度业务目标与落地计划。

（6）可持续发展：检核组织和团队对环境和社会的影响。

11.为什么工具包中各种各样的工具很重要

木匠、水管工、机器修理师、医生、牙医等都需要工具，团队教练同样也需要工具，这些工具基于共享领导力5项行动准则，能帮助我们应对可能面临的不同的团队情况与需求。我们需要知道何时以及如何使用这些工具，才能为我们的客户、他们的团队及他们的组织带来正面影响，促进其健康发展；我们需要不断地学习和成长，让自己成为更好的团队教练。我们通过教练督导、辅导、体验、培训、会议、阅读、写作和其他发展项目来实现这种"技能"和"心智"的发展。

12. 我们如何汇集对团队最重要的内容和信息

直接问团队！

有几种方法可以了解团队中每个人的想法，以下是我们常用的两种：

（1）邀请他们和我们交谈而非面试。面试更为正式，会让人产生抵触情绪；先自我介绍，然后问对方"你对我们即将举办的工作坊有什么想法？"，花点时间在非正式谈话之后，你就更有可能听到他们的真实想法和感受。

（2）在团队中进行问卷调查。我们经常在团队教练工作坊正式开启之前向团队成员询问他们希望在团队教练工作坊解决的问题是什么。我们将他们的问题整理成一份新的问卷表，然后将问卷表发给整个团队，我们会强调，他们的问题将是匿名的但不是保密的。也就是说，我们会将所有的问题汇集在一个文件中，但不会注明是谁写的。然后，在我们进行团队工作坊或会议之前，我们会与所有团队成员分享这些问卷结果。这份文件会很有帮助，它可以让团队成员和我们的教练注意到团队在哪些方面面临着突出的问题。重要的是，该问卷还可以帮助我们设计工作坊。

13. 团队教练面临的首要挑战是什么，他们能做些什么

作为团队教练，我们面临的大多数挑战都与"投入"或"缺乏投入"有关。作为团队教练，我们的工作职责之一就是

与团队领导者和他的团队共同创造一个心理上"安全"的环境,这样每个人都能自在地说出自己的想法。团队中每个人都想为团队带来价值,都希望被倾听和欣赏。作为团队教练,我们有工具来帮助团队有效地投入他们工作的各个方面——联结、协约、汇集、合作和挑战。团队教练需要有能力帮助团队完成上述 5 项行动准则中的每一项。也许我们能做的两个最简单和最好的干预就是:

(1)帮助团队建立联结;

(2)创建协约。

我们发现,即使在一个紧密团结的团队中,建立联结和明确团队和团队领导者之间以及每个成员之间彼此的期望也是必不可少的。

14. 团队教练如何创造合适的 P.L.A.C.E 来提高员工的敬业度

当团队具备以下 5 个关键要素时,员工会更敬业。这些要素将创造出适合的 P.L.A.C.E.,使他们能够自由表达,积极主动,勇于担当:

(1)团队在六个维度上都保持一致的目标;

(2)共享领导力,允许每个人坦诚直言,并分担责任;

(3)让人们对自己的工作和生活有更多的控制权;

(4)建立互相理解、深度信任的和谐关系;

（5）促进每位成员将其禀赋带入团队，共同学习和成长。

15. 如何选择合适的团队教练认证课程

合适的团队教练认证课程，要能够帮助你获得成长和发展，熟悉团队动态的多样性和复杂性，同时可以学习适用于共享领导力5项行动准则的重要概念和工具——联结、协约、汇集、合作、挑战。

该课程不仅要能够提供团队教练的理论，还要能够提供和真实客户团队一起应用概念和工具的实践机会。确保你选择的课程提供辅导机会，这样你就有一个经验丰富的导师教练可以给你反馈有价值的建议。

获得认证后，有一个能与其他教练伙伴共同练习的活跃的实践社群，继续打磨和扩展你的团队教练知识和技能，这也是你选择合适认证课程的重要标准。如果这个社群是一个合适的P.L.A.C.E.，可以建立人际网络、开展业务合作、发展友谊，并能使你的团队教练之旅变得有目标性、有支持性、有乐趣，那就更好了。

后 记

读完这本书时,很多人可能会有一个问题:"我如何在我的团队中创建共享领导力文化?"这是一个熟悉的问题,但答案并不像你想象的那么有挑战。首先,感知你是否真的能够去"放手"自己在团队中拥有的控制权,你就会知道你是否"真的想要"一种共享领导力文化了。一旦你确定真正想要拥抱"共享领导力文化",接下来的事情就很容易了。

首先,我的建议是直接向你的团队寻求帮助。告诉你的团队,你想要在团队和整个公司内创建一种共享领导力文化,你需要他们的帮助,解释一下为什么该文化对你和他们都很重要。寻求他们的帮助是你为创建积极的共享领导力文化迈出的重要一步。他们会非常积极地回应你。

接下来,请找出一个你和你的团队正在面临的真实挑战。当面临真正挑战时,团队成员往往会觉得"我们在一起",并开始践行共享领导力 5 项行动准则。

大多数情况下,挑战都不受团队的欢迎。邀请你的团队一起想办法去扭转看法,或者用积极的态度去看待挑战。面

后 记

对挑战，理想的情况是团队中没有公认的专家，如果团队中有人把自己定位为"专家"，那么很可能出现的情况就是其他人不太可能做出重要的贡献或共享领导力。通常，团队中每个人都指望着团队领导者担任"专家"角色，因为大家都会默认任何情况下领导者都会"带领"大家，担任"专家"角色。你需要做的是控制住自己"觉得自己有责任去带领大家向前"的想法，邀请团队成员分享他们的想法和主意，让每个人的声音都可以被听到。当团队中的每个人都对挑战有一致的理解时，共享领导力就会浮现出来。

你会注意到团队成员开始自我组织、定义和对齐想要实现的工作任务和目标，确定每个人的角色分工、工作方式、流程、规则并互相澄清——这就是汇集、协作和联结。真实的团队挑战将使团队开始迈向共享领导力文化之旅。这本书为你提供了工具，帮助你让共享领导力成为现实。

从现在就开始吧，第一步会引出第二步，相信很快你就能步入正轨，享受这段旅程。更重要的是，享受和你的团队结伴同行的日子。相信你很快就会说："感谢老天，今天又是令人期待的一天。"

威利·安德森（Willie Andersen）

参考文献

Rimanoczy, I. B. (2010). *Business leaders committing to and fostering sustainability initiatives.* Teachers College, Columbia University.

Rimanoczy, I. (2017). *Big bang being: Developing the sustainability mindset.* Routledge.

Ivanova, E., & Rimanoczy, I. (Eds.). (2021). *Revolutionizing Sustainability Education: Stories and Tools of Mindset Transformation.* Routledge.

Rimanoczy, I. (2020). *The sustainability mindset principles: A guide to develop a mindset for a better world.* Routledge.

Kassel & Rimanoczy (Eds.). Developing a Sustainability mindset in management education, 2016; Ritz & Rimanoczy (Eds.), Transformative leadership and sustainability mindset, 2021; Hermes, & Rimanoczy. (2018). *Deep learning for a sustainability mindset. The International Journal of Management Education*, 16(3), 460–467; SMI Resource Workbook Series, for

参考文献

Educators, Coaches and Consultants (2022).

Rimanoczy, I. The Resource Workbook for Coaches. 2022.

Bartol, K. M. & Martin (1986). *Women and men in task groups*. New York, Academic Press.

Bass, B M (1960). *Leadership, Psychology and Organizational Behavior*. New York: Harper.

Betterup, *What is Self-Awareness*. https://www.betterup.com/blog/what-is-self-awareness

Boldren, Richard, *Distributed Leadership in Organizations: A Review of Theory and Research*, International Journal of Management Reviews 13, no. 3 (September 2011): 251–69.

Decoding Global Ways of Working. https://www.bcg.com/publications/2021/advantages-of-remote-work-flexibility

Galton, F (1869). *Hereditary Genius*. New York: Appleton.

Burke, C. S., Fiore, S. M. & Salas, E (2003) *The Role of Shared Cognition in Enabling Shared Leadership and Team Adaptability*. In Pearce, C. L. & Conger, J.A. Shared leadership: Reframing the hows and whys of leadership. London: Sage.

Cox, J., Pearce, C. & Perry, M. (2003) *Toward a model of shared leadership and distributed influence in the innovation process: How shared leadership can enhance new product development team dynamics and effectiveness. In C. Pearce & J.*

Conger (Eds.) *Shared leadership.* Thousand Oaks, CA: Sage.

Craig L. Pearce and Jay A. Conger. (2003) *All Those Years Ago: The Historical Underpinnings of Shared Leadership. In Shared Leadership: Reframing the Hows and Whys of Leadership*, ed. Craig L. Pearce and Jay A. Conger. Thousand Oaks, CA: Sage.

Dachler, H. P., & Wilpert, B. (1978) *Conceptual dimensions and boundaries of participation in organizations: A critical evaluation.* Administrative Science Quarterly.

Daniel H. Pink. (2009) *Drive: The Surprising Truth about What Motivates Us.* New York: Riverhead Books.

Dansereau, F; Graen, G; Haga, W. J. (1975). *A Vertical Dyad linkage approach to leadership in formal organizations.*

Dumaine, B. (1994) *The trouble with teams.* Fortune, September 4 issue.

Fletcher, J. K. & Käufer, K. (2003). *Shared leadership: Paradox and possibility.* In Pearce, Craig L. & Conger, Jay A. (eds). *Shared leadership: Reframing the hows and whys of leadership.* London: Sage. P. 21–47.

Harvard Business Review, *Knowledge Workers Are More Productive From Home.* https://hbr.org/2020/08/research-knowledgeworkers-are-more-productive-from-home

Harvard Business Review, *Kodak Downfall Wasn't About Technology.* https://hbr.org/2016/07/kodaks-downfall-wasnt-about-technology

Hooker, C. & Csikszentmihalyi, M. (2003). *Flow, Creativity, and Shared Leadership.* In Pearce, C.L. & Conger, J.A. (eds). *Shared leadership: Reframing the hows and whys of leadership.* London: Sage. P. 217–234.

John L. Cotton, David A. Vollrath, Kirk L. Froggatt, Mark L. LengnickHall and Kenneth R. Jennings. *Employee Participation: Diverse Forms and Different Outcomes.*

King, Albert (1990). *Evolution of Leadership Theory,* Indian Council of Social Science Research Publications, Vol. 15, No. 2, April-June 1990.

Knowles, Malcolm S, *The Modern Practice of Adult Learning, From Pedagogy to Andragogy.* Revised and Updated. Cambridge Adult Education, Prentice Hal Regents, Englewood Cliffs, NJ 07632.

Lashway, Larry (2003). *Distributed Leadership.* National Association of Elementary School Principals, Research Roundup; Volume 19, Number 4, Summer.

Locke, E. E. (2003) Good definitions: *The epistemological foundation of scientific progress.* In J. Greenberg (ED.)

Organizational behavior: The state of the science. Mahwah, NJ: Erlbaum.

Manz, C.C., & Sims, H.P. Jr (1989). *SuperLeadership: Leading others to lead themselves.* New York: Prentice Hall.

Manz, C C and Sims, H P, Jr. (1987). *Leading Workers to Lead Themselves: The External Leadership of Self-Managing Work Teams.* Administrative Science Quarterly, 32,106–28.

Margaret Wheatley and Deborah Frieze, *Leadership in the Age of Complexity: From Hero to Host.* Resurgence & Ecologist 264 (January/February 2011 electronic).

Mckinsey, *It's time for leaders to get real about hybrid.* https://www.mckinsey.com/business-functions/people-and-organizationalperformance/our-insights/its-time-for-leaders-to-get-real-abouthybrid?hdpid=fa5f295d-22d1-4d18-a368-6ce9d5d48c7f&hctky=12633921&hlkid=c8eef22316ce472382abfb65e6c71048

Monica Brinkerhoff, Albert Murrieta, and Cassandra O'Neill. *Collective Leadership: Activating the Gifts of Your Team.* Exchange (November/December 2015): 51–54.

Northouse, Peter. Leadership: *Theory and Practice.* Sage Publications, 2015.

O'Toole, J., Galbraith, J., & Lawler, E. E. (2002), *When Two (or More) Heads are Better Than One: The Promises and the*

Pitfalls of Shared Leadership, California Management Review 44(4): 65–83.

Pearce, C.L. and Sims, H.P. (2000), *Shared leadership: Toward a multilevel theory of leadership, Advances in Interdisciplinary Studies of Work Teams (Advances in Interdisciplinary Studies of Work Teams, Vol. 7)*, Emerald Group Publishing Limited, Bingley, pp. 115–139.

Pearce, C. & Conger, J. (2003) *All those years ago: The historical underpinnings of shared leadership.* In C. Pearce & J. Conger (Eds.) Shared leadership. Thousand Oaks, CA: Sage.

Positive Psychology, *Operant Conditioning Theory.* https://positivepsychology.com/operant-conditioning-theory/

Rimanoczy, Isabel and Ernie Turner. *Action Reflection Learning: Solving Real Business Problems By Connecting Learning With Earning.* Davies Black Publishing, 2008.

Robert Half Research, http://rh-us.mediaroom.com/2020-11-23-Working-Weekends-a-Reality-for-Nearly-7-in-10-RemoteProfessionals-Robert-Half-Research-Shows

Self-Awareness. A White Paper. https://www.insights.com/media/1744/self-awareness-white-paper.pdf

Shared Leadership. https://en.wikipedia.org/wiki/Shared_leadership

Swieringa, Joop and Andre Wierdsma. *Becoming A Learning Organisation: Beyond The Learning Curve*. Addison-Wesley Publishers, 1992.

Tan, Swee Heng, *Coaching In The Moment, How Busy Leaders Can Make More Impact With Less Time*, Candid Creation Publishing LLP, 2017.

The Cynefin Framework. https://www.godaddy.com/garage/cynefinsuggestive-framework-problem-solving/

Trollestad, C. (2003). Existentiellt välbefinnande & moralisk trovärdighet: hos högre chefer och ledare. (Translated: *Existential well-being and moral credibility: With senior executives and leaders*). Stockholm: Svenska förl.

Turner, Ernie, *Gentle Interventions For Team Coaching, Little Things That Make A Big Difference*, Leadership In Management LLC, 2013.

Vroom, V. H., & Jago, A. G. (1988). *The new leadership: Managing participation in organizations*. Prentice-Hall, Inc.

West, M., Lyubovnikova, J., Eckert, R. and Denis, J-L. (2014), *CL for cultures of high quality health care*, Journal of Organizational Effectiveness: People and Performance, Vol.1 Iss 3 pp. 240–260.

Rohlin, Lennart: Action Reflection Learning in "Action

Learning in Practice", the handbook edited by Mike Pedler. 4th edition 2011. Gower Publishing.

Rohlin, Lennart & Skärvad, Per Hugo & Nilsson, Sven Åke: Strategic Leadership in the Learning Society. 1994/98. Mil Publishers. Studentlitteratur.（In Japanese 1999.）

作者简介

- 厄尼·特纳是国际领导力发展机构 LIM 的总裁。LIM 是一个全球咨询公司，致力于使用 LIM 独家版权的十大"行动—反思—学习"原则支持企业团队和业务的发展。在过去的 40 年里，他一直致力于将 LIM 打造成一家专注于通过共享领导力团队教练的方式，赋能企业发生正向改变和可持续成长，以及培养专业团队教练人才的国际咨询公司。
- 厄尼在团队教练领域有非常丰富的经验，曾以线上或面对面的方式教练过来自全球 40 多个国家的头部企业高层管理团队。厄尼发表及出版了许多关于领导力、团队合作和团队教练方面的文章和书籍，其中包括他与妻子伊莎贝尔·雷蒙兹共同执笔撰写的《行动—反思—学习：通过将学习与盈利联系起来解决实际商业问题》，他自己撰写的《团队教练的微触发干预技术：微小的动作带来大的改变》，还有他与另一位商业伙伴陈瑞兴一起编写的《共享领导力行动准则：更好的领导和教练方式》。
- 厄尼对于运用共享领导力行动准则和"行动—反

思—学习"原则创建一个更可持续与和平的世界充满激情。另外厄尼还非常热爱同伴学习、大规模变革、钢琴、网球、潜水和高尔夫运动。厄尼经常受邀在各种全球专业研讨会和大会上演讲和担任主持。

- 陈瑞兴目前是 LIM 共享领导力团队教练学院的负责人，在共享领导力团队教练认证课程中传授共享领导力团队教练技能，同时他也在教练企业中各个级别的团队领导者，帮助他们实现绩效成果的持续发展。他相信帮助领导者更有效地共享他们的领导力，能使领导者和他们的团队发挥最大潜能。他也始终致力于通过教练督导和辅导来提高教练的效率和幸福感；他认为，如果未来工作场合能有越来越多朝气蓬勃的领导者和教练的话，我们的世界一定会变得更加美好。自从 2010 年正式开始职业教练生涯以来，这也是他一直在追求的人生目标。
- 陈瑞兴目前是国际教练联合会的大师级认证教练（MCC）、认证教练督导以及共享领导力团队教练。凭借在三家大型企业组织中 31 年的从业经验，陈瑞兴深刻地理解领导者和团队的期望和挑战，他们中的很多人在更好地平衡组织目标、利益相关者和个人需求上都非常需要支持。
- 陈瑞兴很享受和家人在一起的时光，喜欢阅读和晨跑，也喜欢花时间在厨房为家人准备营养丰富的饭菜。他的座右铭是：享受时光！

关于 J&C 奕洵

J&C 奕洵是 LIM 在中国的唯一合作伙伴。是一家专注于赋能企业领导者与团队发生正向改变、提升组织协同、重塑组织文化、拉升业务结果的管理咨询公司。我们运用"行动—反思—学习"十大原则，为客户提供能够带来可见投资回报（ROI）的解决方案。同时我们也提供经 ICF 认证的专业的团队教练认证项目与课程，为中国市场培养专业的企业内外部共享领导力团队教练，赋能企业领导者成为团队教练式的领导者。

我们的主要服务：

01. 战略目标对齐、分解落地与问题解决
02. 角色梳理与文化重塑
03. 解决跨部门合作底层障碍，形成跨部门团队合作力
04. 推动真实团队发生正向改变，成为更高绩效团队
05. 提升员工敬业度
06. 赋能企业领导者成为团队教练式领导者
07. 战训一体——核心人才发展项目
08. ICF 共享领导力团队教练（中文版）认证课程（TCCP）
09. 共享领导力团队教练入门课程（SLTC）
10. 企业内部共享领导力团队教练认证课程（In-house SLTC）